ぼく、こんちゃん。
聴《ちょう》導《どう》犬《けん》なんだ。

イベント

ぼくたち聴導犬《ちょうどうけん》をよろしく！
イベントで聴導犬のお仕事を見せることも
ときどきあるよ。

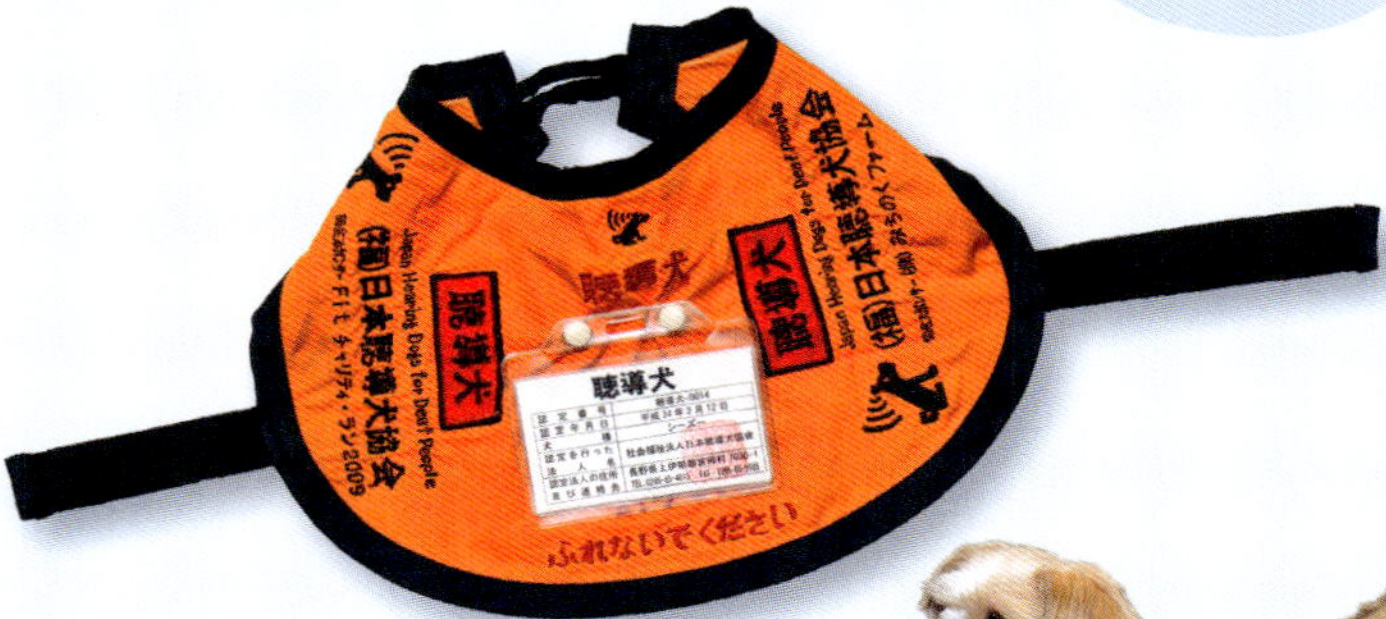

聴導犬として働くときは
いつもこのコートを
着けているんだよ。

訓練《くんれん》のようす

訓練では、
音を報せる方法や、
外出するときのマナーなどを、
愛情いっぱいに
教えてもらったよ。

うまくできたら、ごほうびのおやつがもらえる！
これが楽しみ。

出かけるときは、ユーザーにスピードを合わせて歩くんだよ。

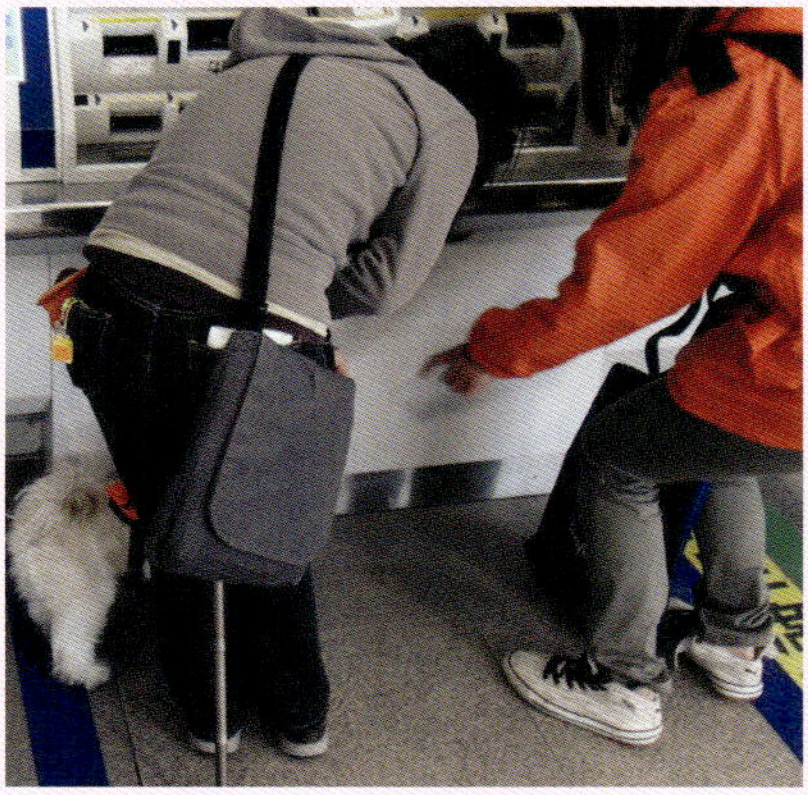

駅できっぷを買う練習。ぼくはほかの人のじゃまにならない位置でおとなしくしているよ。

乗り物の中ではユーザーの足下にふせている。

新しい家族との生活

ぼくは今や、
仁美《ひとみ》さんの家族の一員。
毎日ハッピーに
くらしているよ。

はじめて仁美さんの家に来た日、
日本聴導犬《ちょうどうけん》協会の有馬会長が
写してくれた記念写真。

仁美さんの
トリミングも、すっかり
上手になったよ。

生活に必要な音がしたら、
すぐ報《しら》せにかけつける。

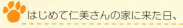

聴導犬《ちょうどうけん》こんちゃんがくれた勇気《ゆうき》

難病《なんびょう》のパートナーを支《ささ》えて

高橋うらら

岩崎書店

もくじ

はじめに

はじめまして。ぼくの名前は、「こん」。

みんなには「こんちゃん」って呼《よ》ばれているよ。

「こん」っていっても、キツネじゃないよ、犬だよ。小型犬のシーズーっていう種類で、白く長い毛に、ところどころ茶色が混《ま》じっている。

チャームポイントは（自分でいうのも変だけど）、黒くてでっかい目！

「きゃあ、かわいい！　ぬいぐるみみたい！」ってよくいわれる。

「とてもおとなしいね」ってほめられることもある。

だけどぼくは、普通《ふつう》の犬とはちょっとちがう。じつはペットじゃない。

「人間のために働いている」犬なんだ。

働く犬には、たとえばこんな犬がいる。においをかぎ分けて犯人《はんにん》をさがす警《けい》察《さつ》犬、災害《さいがい》が起きたときガレキの下にいる人を見つけ出す災害救助犬、狩《か》りの手伝いをする猟犬《りょうけん》……。 みんな、かっこいいよね！

体の不自由な人のお手伝いをする犬もいて、まとめて「補助《ほじょ》犬（身体障《しょう》害者補助犬）」と呼《よ》ばれている。

補助犬の中でも盲導犬《もうどうけん》のことは、よく知っているんじゃないかな。目の不自由な人が歩くとき、その人の「目」になり、歩行を安全に保《たも》つ犬のことだ。日本には約千頭いるから、どこかで見かけたことがあるかもしれない。

介助《かいじょ》犬も補助犬の一つ。主に車椅子《いす》を使用する体の不自由な人のお手伝いをする犬で、落とした物を拾って手元まで運んだり、冷蔵庫《れいぞうこ》のドアを開けて中の飲み物を持ってきたりする。もともと犬は、口で物を運んだり、いろいろな作業をしたりするから、口を使えば、いろんなことができるんだよ。

そして、ぼくは……。じゃじゃーん！ 耳の不自由な人のお手伝いをする「聴導犬《ちょうどうけん》」なんだ！

「チョードーケン？ そんな犬のことなんか、知らない」

という人も多いだろう。

二〇一八年七月一日現在、日本で働いている聴導犬《ちょうどうけん》は七十一頭しかいない。

だから、今までぼくたちを一度も見かけたことがなくても無理はないと思う。


聴導犬は、耳の不自由な人に、生活に必要な音を報《しら》せるのが仕事。

想像《そうぞう》してみてほしい。音が聞こえないと、どんなときに困《こま》ると思う?

だれかと話すとき、相手の言葉が聞き取れないと、苦労するよね。

残念ながらぼくたち犬は話せないから、このお手伝いはできない。

でも、音が聞こえないと困ることは、ほかにもたくさんあるよ。

たとえば、「ピンポーン!」って玄関《げんかん》のチャイムが鳴っても、人が来たことに気づけない。

やかんがピーッと鳴っても、お湯がわいたことがわからない。

だれかが後ろから呼《よ》んでも、ふりむけない。

一番怖《こわ》いのは、非常ベルが鳴っても、危険《きけん》なことが伝わらないこと。

だから聴導犬は、そういうとき、

「ほら、音がしたよ！」

って、前足でタッチして報《しら》せて音がした場所まで導《みちび》いたり、ふせの姿勢《しせい》をとって危険《きけん》がせまっていることを伝えたりするんだ。

聴導犬《ちょうどうけん》とペアを組む耳の不自由な人は、「ユーザー」と呼《よ》ばれている。ぼくのユーザーは、桑野《くわの》仁美《ひとみ》さんというかわいい女の人。

いつもぼくをぎゅっとだきしめて、「こんちゃん、ありがとう！」っていってくれる。

この本では、ぼくがいったいどうやって聴導犬になったのか、実際《じっさい》どんな仕事をしているのか、順番にお話ししていくね！

第一章　飼《か》い主とのお別れ

二〇〇九年六月はじめ。

ぼくは、生後九ヶ月、人間でいえば、中学生になるくらいの年齢《ねんれい》だった。当時は、ある家で、ごく普通《ふつう》のペットとして飼われていた。

その日は、家族といっしょにドライブに出かけた。まさか、これから自分の身に、とんでもないことが起きるなんて、これっぽっちも思っていなかった。

やがて、車は山の中に入っていく。

森の木々は、前の日に降《ふ》った雨でしっとりとしめっていた。

「さあ、着いた」

だっこされて外に出された。駐車場《ちゅうしゃじょう》のすぐむこうには、小川が流れ、アヒルが気持ちよさそうに泳いでいる。森の中に、木造の建物が並《なら》んで建っている。

いったいここは、どこだろう？

小さな橋を渡《わた》って、三角屋根の建物の方に連れていかれた。すると！

ワンワン！　ワンワン！

いきなり、ほえ声がし出した。左右に並《なら》ぶ大きな犬小屋にいる犬たちが、ぼくを見つけていっせいにほえ出したんだ。

な、なんだ？　どうしてこんなに犬がいるんだ？

三角屋根の建物に入った。

中の事務所には来客用の椅子《いす》とテーブルがあり、カウンターのむこうには、たくさんのファイルが並んでいた。奥《おく》にはパソコンも置かれている。

そこは、大阪府豊能郡能勢町《とよのぐんのせちょう》にある「アーク（アニマルレフュージ関西）」という、動物保護団体《ほごだんたい》だった。

飼《か》えなくなったり、捨《す》てられたりした犬やネコを預《あず》かり、新しい飼い主をさがす活動をしているところだ。阪神淡路大震災《はんしんあわじだいしんさい》や、東日本大震災のときには、被災《ひさい》した犬やネコたちを何百匹も救出《きゅうしゅつ》して、施設《しせつ》に収容《しゅうよう》したんだって。

黄色いTシャツのユニフォームを着た女性のスタッフが、ぼくの飼い主と話している。

「このワンちゃんを、どうしても、もう飼《か》えないというご相談でしたね？」

「ええ。子どもに犬のアレルギーがあることがわかったんです。一日も早く、どなたかに引き取ってもらいたいんです」

「できれば、ご自身で新しい飼い主をさがしていただきたいのですが、無理でしょうか？」

「無理なんです。あちこち聞いてみましたが、どうしても見つからなくて。この犬とくらしていると、子どもに鼻水やセキが出るので、すぐになんとかしなくちゃならないのに」

「……わかりました。どうしても、ということでしたら」

こんなやりとりがあり、けっきょくぼくは、もうその家では飼えないからと、このアークという団体に保護《ほご》されることになってしまったんだ。

……って、おいおい！　そんな大事なこと、勝手に決めるな！

いったいこれから、どうなるの？

「おとなしいね。おりこうさんね～」

感心するアークのスタッフに、矢澤《やざわ》さんは、こう切り出した。

「ぜひこの子に、聴導犬候補《ちょうどうけんこうほ》の犬を選ぶテストをさせてください」

「え？　聴導犬の才能がありそうなんですか？」

まだこのときは、スタッフの人たちも、ぼくが聴導犬の候補になれるなんて、思ってもいなかったことだろう。

聴導犬の訓練を受けることができる犬には、いくつかの条件がある。

落ち着いていて、人間のことが好きで、集中力があって……。

じつは、すべての面で聴導犬にむいている犬は、たとえアークに犬が三百頭近くいても、その中から一頭見つかればいい方なんだって！

矢澤さんは、事務《じむ》所の奥《おく》の部屋を借り、ぼくにいろいろなテストを始めた。

「ちょっと、だっこさせてね」

ぼくは、矢澤さんに、お腹《なか》を上にむけてだっこされた。うれしいな！

もちろん暴《あば》れたりしなかったよ。

お腹《なか》を上にむけたままでも平気なのは、人間を信用してリラックスしている証拠《しょうこ》なんだって。犬によっては、だきあげようとしたとたん、にげだすこともあるらしい。

後ろ足をやさしくにぎられたり、指の間をさわられたりした。ふだん犬は、あまりこんなことをされないよね。

しかし、これくらいで怒《おこ》ったら、聴導犬候補《ちょうどうけんこうほ》としては、失格《しっかく》。

ぼくは、ぜんぜん気にせずに平気な顔をしていた。

「はい、よいですね」

矢澤《やざわ》さんはうなずき、テストの項目が書かれた紙に何か記入している。

アークのスタッフの人たちも、その様子を興味《きょうみ》しんしんで見守っている。

次にぼくは、オモチャで遊んでいるとき「おいでー!」と呼《よ》ばれた。

わあい。遊んでくれるのかな。はいはい、すぐ行きますよ〜。

タタタッと走っていく。矢澤さんは、周囲に説明した。

「ポーちゃんは、オモチャより人が好きみたいですね。これも聴導犬《ちょうどうけん》になるには、大事なポイントです」

「なるほど！　確《たし》かに、こんな犬はアークにもそうそういないわ」

スタッフも、合格できるんじゃないかと身を乗り出し始めた。

犬用のオモチャで遊んでいるとき、矢澤《やざわ》さんがとちゅうで、ぼくから取りあげるテストも受けた。

ひどいよね。急に持っていっちゃうなんて……。

でも平気。おだやかな性格のぼくは、取られても怒ったりしない。

気の荒《あら》いほかの犬なら、ほえたり、取りもどそうとしたりするはずだ。

矢澤さんも、見守るスタッフの人たちも一言こういった。

「すごーい……」

ほかに、音のテストも受けた。

お料理するとき時間を計る、キッチンタイマーの音だ。

耳の不自由な人は、鍋《なべ》が吹《ふ》きこぼれても気づきにくいから、キッチンタイマーをしかけておき、その音を聴導犬《ちょうどうけん》が報《しら》せる。

ピピピピッ！

なんだなんだ？　ふしぎな音が鳴ってるね！

はっとして、キッチンタイマーにちょこちょこかけよった。

「よかった！　音の反応もいいわ！」

矢澤《やざわ》さんは、パチパチ拍手《はくしゅ》してくれたんだよ！

アークのスタッフたちも、目をかがやかせて、いっしょに手をたたいた。

ほかにもいろいろテストがあったけれど、けっきょくぼくは、聴導犬のテストのほぼすべての項目《こうもく》で合格したんだ。

矢澤さんは、ほおを上気させていった。

「こんないい子に、今まで会ったことがないわ！　優秀《ゆうしゅう》な子がいることを、早く本部に知らせなくちゃ！」

スタッフの人たちも、喜んでいる。

「ポーちゃん、すごい！　聴導犬になれるかもしれないなんて！」

え？　すごいの？

そのときのぼくは、何かほめられていることだけはわかり、舞《ま》い上がってしっぽをぶんぶんふり、みんなの前をちょこちょこ歩き回っていた。

矢澤《やざわ》さんは、日本聴導犬《ちょうどうけん》協会に、電話でさっそく連絡した。

「とてもいいシーズーの子がいるんです！」

協会の有馬《ありま》もと会長は、電話のむこうで答えた。

「えっ！　よかったですねえ」

「はい！　テストの結果はバツグンです！　ただおしっこのしつけは、まだできていないみたいですけれど」

あちゃー。確《たし》かにそのころのぼくは、おしっこをあちこちにひっかけるクセがあった。でも、有馬会長は、こういってくれたんだ。

「おしっこのしつけくらいなら、後でできるでしょう。すぐにわたしもアークに行って、その子の様子を見てみます。会うのが楽しみだわ！」

こうして、また改めて、有馬会長がアークに来て、ぼくにテストをすること

になった。そして、実際やってみると、見事合格！

「まったく、すごい子だわ！　よかった。いい候補《こうほ》が見つかって！」

有馬《ありま》会長も、大喜びで、ぼくをなでなでしてくれた。そしてぼくを、日本聴《ちょう》導犬《どうけん》協会にゆずり渡してくれるようアークの人たちに頼《たの》んだ。

「ぜひ、この子をうちの協会にゆずってください。優秀《ゆうしゅう》な聴導犬に育つかもしれません」

アークの人たちも、すぐにオーケーした。

「もちろん、いいですよ。しょうらい、活躍《かつやく》してくれるといいですね！」

「よかったね、ポーちゃん！　立派《りっぱ》な聴導犬になってね！」

チョードーケン？

だけどそのときのぼくは、これから自分がどんな訓練を受けて、どんな仕事をするのか、まだぜんぜんわかっていなかったんだ。

聴導犬《ちょうどうけん》には、どんな種類の犬がむいているの？

目の不自由な人といっしょに歩く盲《もう》導犬の場合は、ラブラドール・レトリバーやゴールデン・レトリバーなどの大型の犬種がむいている。頭がよくて人間によく従《したが》い、人の歩く速度や歩はばに合わせるのに、体の大きさがちょうどいいからだ。

しかし、聴導犬の場合は、特に犬の種類は決まっていない。家の中で音を報《しら》せる仕事をするから、むしろいっしょに行動しやすい小型犬を希望するユーザーが増《ふ》えている。

ちょうどぼくがアークに保護《ほご》されたころ、協会では、小型の犬をさがしていた。候補《こうほ》の犬は、生後２ヶ月から３歳くらいの犬から選ぶ。つまり生後９ヶ月のぼくは、この条件にぴったりだったっていうわけ！

第二章　ソーシャライザーさんの家へ

ぼくが、日本聴導犬《ちょうどうけん》協会に連れていかれたのは、日増《ひま》しに蒸《む》し暑くなってきた二〇〇九年六月二十八日のことだった。

車を降りて見えたのは、中央アルプスの高い山々。

ここは、長野県上伊那《かみいな》郡《ぐん》宮田《みやた》村。まわりは田んぼや畑、果樹園《かじゅえん》などが広がるのどかな場所だったけれど、日本聴導犬協会のスタッフが入っていったのは、広々として近代的な二階建ての施設《しせつ》だった。

「ただいま～」

入り口を入っていくと、しんとしている。

こわごわあたりを見回すと、むこうからたくさんの犬たちが一気に出てきたんだ。ぼくより大きい犬ばかり！

《ようこそ日本聴導犬協会へ！》

聴導犬《ちょうどうけん》や介助《かいじょ》犬になるための訓練を受けている犬たちだ。

《……はじめまして。どうぞよろしく》

有馬《ありま》会長が、ぼくをだっこして先輩《せんぱい》の犬たちに会わせてくれた。

そこへむこうから、茶色い別の動物が、犬たちの間をノソノソと近づいてきた。

立ち止まり、じっとこっちを見ている。

……ネコだ！

アークにもネコはいたらしい

けれど、事務所《じむ》には放し飼《が》いにされていなかったから、こんなに近くで見るのは生まれてはじめてだった。

なぜ犬を育てる協会なのに、ネコもいたのかって?

先輩《せんぱい》の犬の中には、ネコを見かけただけで興奮《こうふん》し、追いかけ回したりした犬もいたんだって。聴導犬《ちょうどうけん》のお仕事中に、そんなことをしたら大変だよね。音を聞き分けるどころじゃなくなっちゃうし……。

そこで、ネコに慣《な》れてもらうために飼われていたらしい。

キジトラという種類のそのネコは、ゆうゆうとぼくにあいさつした。

《スタッフネコのにゃん太だよ》

《……よ、よろしくお願いします》

ぼくはかなり緊張《きんちょう》して身構えたけれど、にゃん太さんは、ぷいっとまたどこかへ行ってしまう。

にゃん太さんは、一瞬《いっしゅん》でぼくが、別に危害《きがい》を与えるようなヤツではないと見ぬいてしまったらしい。

協会のスタッフは、グレーのポロシャツにオレンジ色のジャンパーを着た女性八名だ。ぼくの名前について、こんな相談を始めた。

「この子の名前は、どうする？」

「ポー、じゃ、耳の不自由な人には発音しにくいわね」

「じゃあ、何にしようか……」

スタッフの人たちにとっては、犬の名前を考えるのは楽しいことらしい。わいわいがやがや話している。

けっきょく、ぼくの名前は「こん」になった。

「ポー」のように、「ぱぴぷぺぽ」のつく音は、耳の不自由な人の場合、発音しにくいことが多いけれど、「こん」なら発音しやすい。

しかも、協会を支援《しえん》してくれているドッグフード会社「みちのくファーム」の社長さんの名前「金野《こんの》」にちなんだ名前なんだって！　光栄だなあ……。

「こんちゃん！」

はじめて呼《よ》ばれたときは、きょとんとしちゃった。

え？　ぼくのことですか？

何度も呼《よ》ばれ、やっと自分のことだってわかったよ。

呼ばれてすぐにふりむけるようになるには、しばらく時間がかかった。

でも、スタッフみんなにかわいがられて「こんちゃん」「こんちゃん」って
いわれるうちに、この名前が、大好きになっちゃった！

ぼくたち協会の犬は、建物の中を自由に歩き回って生活する。

出されたご飯も、みんなといっしょに食べる。

ちなみに、人間と同じ物は食べない。これは聴導犬《ちょうどうけん》や介助《かいじょ》犬の仕事中に、人間の食べ物に気を取られないようにするためだ。

だから、ぼくたちのメニューは、良質のドライのドッグフードと、生の酵素《こうそ》を取り入れるための六種類の野菜、ヨーグルト。

どう、けっこう、ごうかでしょ？

いよいよぼくは、聴導犬の道を歩み始めるわけなんだけれど、いきなり協会

で訓練をするわけじゃなかった。

協会に来た聴導犬候補《ちょうどうけんこうほ》の子犬は、最初のうちは「ソーシャライザー」の家に、数ヶ月間預《あず》けられる。

ソーシャライザーとは、英語で「社会化する人」っていう意味。犬が人間の社会の中でうまくくらせるように育てる、ボランティアの人たちのこと。

動物保護《ほご》団体からゆずり受けた犬たちは、捨《す》てられたり、ぎゃくたいされたりして、心に傷《きず》を負っていることが多い。

だからすぐに、ソーシャライザーが子犬を家庭で預《あず》かり、愛情をいっぱい注ぐ。こうして人間への不安を取りのぞき、人との生活を経験《けいけん》させてから、訓練を始めるんだ。

ぼくは、協会でしばらく過ごした後、車に乗せられ、長野県から東京にむかった。だんだん周囲に山が見えなくなり、高いビルが増《ふ》えて、空が小さくなる。

その家は、東京都世田谷区にあった。周囲は、家がびっしり建ち並《なら》んだ住宅地だ。大阪府の森の中にあったアークや、宮田村の日本聴導犬協会と比《くら》べると、歩いている人や、走っている自動車の数も、ずっと多い。

「ようこそ、わが家へ。こんちゃん、かわいいね！　お目々がくりっとしてるね」

ソーシャライザーさんの家族に、温かくむかえてもらう。

その家には、年配の夫婦《ふうふ》と若《わか》い夫婦がくらしていた。

それまで約四十頭の聴導犬候補《ちょうどうけんこうほ》の子犬を育てたんだって！

もうベテランのソーシャライザーさんだね。

それに、ここは以前飼《か》われていたときのような普通《ふつう》の家だ。なつかしい感じがする。

おいしいご飯をもらい、オモチャで遊び、散歩にも連れていってもらって、ごきげん！　家族たちにも、しっかり甘《あま》えちゃったよ。ところが……。

ソーシャライザーさんも、協会のスタッフも、ぼくの様子を見て、すぐにあることに気づいた。

ぼくは、固い食べ物が食べられなくなっていた。

なぜか、歯で強くかむと、アゴがズキズキ痛《いた》くなるからだ。

……食べたいのに、食べられない。

痛い、痛いよぉ……。

みんなも心配してくれたみたい。

「おかしいな。どこか体の具合が悪いの？」

アークでの健康診断《しんだん》のときは、体に特に異常《いじょう》は見つかっていなかったけれど、もっとくわしく調べた方がいいということになった。

日本聴導犬《ちょうどうけん》協会に来た犬は、本格的な訓練に入る前に、必ず東京の赤坂動物病院で、総院長の柴内裕子《しばないひろこ》先生の全身検査《けんさ》を受けることになっている。

さっそく、そこへ連れていかれた。

スタッフが、柴内先生に心配そうに聞いている。

「先生、どうでしょうか。固い食べ物を残すんですが……」

くわしい検査を行った結果、こう診断された。

「下のアゴの骨《ほね》がおれているようですね」

「……え？　アゴの骨《ほね》が？」

……がーん！　スタッフの人たちも、おどろいていた。

そのせいで、痛《いた》くて固い物を食べられなかったんだ。

いつ骨折したのかはわからない。前に飼《か》われていた家で、ぎゃくたいされたんじゃないかっていう人もいる。でも、犬用のオモチャをかんだだけで、アゴがおれることもあるんだって。

「まあ、かわいそうに。ずっとがまんしていたのかしら」

スタッフはなげいていたけれど、柴内《しばない》先生は、こういった。

「この程度《ていど》なら、聴導犬《ちょうどうけん》としての仕事が特別負担《ふたん》になるというわけではないので、すぐに手術《しゅじゅつ》して、その後訓練に入ってもだいじょうぶでしょう」

スタッフも、ほっとしていた。柴内先生の診断《しんだん》によっては、聴導犬への道をあきらめなくてはならないこともある。

「よかったね、こんちゃん！　しっかり治してもらおうね」

ぼくは、しばらく動物病院に入院し、手術を受けることになった。犬のケージがずらりと並《なら》んだ動物病院の部屋で、お泊《と》まり。

スタッフやソーシャライザーさんたちともお別れで、ちょっとさみしい。でも、看護師《かんごし》さんたちがやさしく手当をしてくれて、口の痛《いた》みも治ってきた。

よかった！　これですごく固い物以外は、なんでも食べられるよ！

「こんちゃん。がんばったわね。もう退院《たいいん》しても、だいじょうぶよ」

柴内《しばない》先生が太鼓判《たいこばん》を押《お》して、ぼくはやっとまた、ソーシャライザーさんの家にもどることができたんだ。


暑かった夏も終わり、日ましに涼《すず》しくなっていった。

ぼくは、聴導犬《ちょうどうけん》になるためのしつけを、少しずつ受けていく。それまで、おしっこをあちこちにひっかけるくせがあったけど、だんだん直っていった。

だけどなぜかぼくは、テーブルの脚《あし》をガシガシかじるのが好きだった。

アゴが悪いっていうのにねえ……。

ガシガシ、ガシガシ……。

「ノー！　ノー！」

何度か、ソーシャライザーさんの家族に注意された。

ぼくがこれ以上かじらないよう、テーブルの脚《あし》には、犬がきらうにおいがするキンカンという薬がぬられてしまった。

残念だけどテーブルの脚をかじるのはあきらめたよ。

ほかにも、いろいろなことを教えてもらった。歩くときは人間のすぐそばに寄《よ》りそうこととか、リードを引っぱっちゃいけないとか……。

でも、特別注意を受けたのは、テーブルの脚をかじったときくらい。

協会はしつけよりも、「愛情第一」をソーシャライザーさんにお願いしているからだ。

ソーシャライザーさんの家族は、何度もこういっていた。

「こんないい子は、これまで見たことがない……」

やはりぼくは、音に敏感《びんかん》な方らしい。何か音がすると、すぐにパッと反応してふりむく。

毛並《けな》みを整えるためにブラッシングをしてもらうのも、大好きだった。聴導犬《ちょうどうけん》の場合、外で毛が散らばるとまわりの人間の迷惑《めいわく》になるから、ブラッシングはとても大事なんだ。ぼくたちシーズーは、毛がぬけにくい犬種だから、そもそも聴導犬にむいているけどね。

やがてぼくは、ソーシャライザーさんから、次のような、聴導犬になるための基本動作を訓練された。

【カム（来い！）】 リードがはずれたり、走っていってしまったりしたときのために、呼《よ》んだらすぐもどってくるようにしつけられる。

人が自分のももを、ぽんぽんとたたく動作が「カム」の合図になる。

呼ばれてもどると、ごほうびのおやつがもらえるから、ぼくは、タタタッと走っていくようになった（もともと、食い意地がはってるからね）。

【シット（座《すわ》れ）】　聴導犬《ちょうどうけん》は、ユーザーが立ち止まって話をしたり、信号待ちをしたりしているときは、そばでお座りをする。

ユーザーが、右手を顔の横に甲《こう》を見せるように立てるのがシットの合図。

ぼくは、こんな風に訓練を受けた。鼻先にごほうびのおやつが差し出される。それがだんだん上に上がり、つられて上をむくと、ちょうどお座りの姿勢《しせい》になる。そのとき、「シット！　シット！」っていう言葉が聞こえるから、これがお座りという意味だってわかったんだ。

【ダウン（ふせ）】　外出してずっと同じ場所にいるときは、まわりの人の迷惑《めいわく》にならないよう、下にふせをする。これが「ダウン」だ。ぼくたち犬が休める時間にもなる。

ユーザーは、右手を下に下げるように合図を出す。

訓練のときは、ごほうびのおやつが、ぼくの鼻先に差し出され、前足の間に下がっていくので、ぼくも頭が下がり、自然とふせの姿勢になる。そのとき、「ダウン」っていう言葉が聞こえて、手の合図も見えるから、だんだん指示《しじ》を受けるとすぐにできるようになっていく。

【ウェイト（待て）】　ご飯を食べる前などに、ちょっとだけ待つ練習。

外に出かけたとき、もし聴導犬《ちょうどうけん》がユーザーとはなれてしまっても、このウェイトができれば、安全な道路のむこう側で待っていることができる。

ユーザーは、右手で犬を押《お》しとどめるような合図を出す。

訓練のときは、おりこうに待つことができたら、「グッド！　グッド！」とほめられる。そうすると、ちょっとがまんすればいいことがあるとわかるから、だんだん、「ウェイト」ができるようになっていく。

これまで紹介《しょうかい》してきた動作は、やがてかけ声なしで、手の合図だけでもできるように訓練される。

耳の不自由な人の中には、声をうまく出せない人もいるからね。

ぼくは、それぞれの動作を何回か練習すると、ほとんどすべて、すぐにできるようになっちゃった。

いっしょうけんめい、がんばったからかな？

「こんちゃん！　天才！」なんて、ほめてもらえたからかな？

とにかく訓練は、とっても楽しいんだよ！　聴導犬《ちょうどうけん》を育てる人たちは、何回かやって、できたとたん「グッド、グッド！」とほめてくれる。

ごほうびのおやつも、もらえる（↑ここが大事！）。

そうするとぼくたちは、「ああいう風に人の手が動いたとき、こうやって行動すれば、ほめてもらえるんだ！　おやつがもらえるんだ！」ってわかる。まるで、ゲームで遊んでいるような感じ。

しかも、訓練する時間は長くて十五分間まで。

だから早くまた訓練の時間にならないかなって、ワクワクしちゃう！　この訓練の仕方を「ファン（楽しみ）トレーニング」っていうんだって！

ソーシャライザーさんの家での訓練とは別に、聴導犬候補《ちょうどうけんこうほ》の子犬が集まって学ぶ「パピークラス」にも、定期的に連れていってもらった。

「パピー」は、「子犬」という意味。

「パピークラス」は、ソーシャライザーさんの家にいる子犬たちが集まり、それぞれの犬の成長に合わせて、「社会化（人間のくらしにとけこませること）」を図っていく講座《こうざ》だ。

犬たちが集まると、だんだん仲良くなっていく。

しかし訓練の合間に、じゃれあったり、追いかけっこをしたりして遊んだりすることはない。

ほかの犬を見たとたん、いっしょに遊び始めたら、聴導犬のお仕事はできないからね。

ここでは、近くにほかの犬がいても、ふだん通りに、「ダウン（ふせ）」や「ウェイト（待て）」などの基本動作ができるかどうか、協会のスタッフがチェックする。

それから、しょうらい聴導犬《ちょうどうけん》として、いろいろな人に出会ってもおどろかないために、それぞれの犬に苦手な物がないかどうか調べる。

車椅子《くるまいす》の人や、松葉杖《づえ》をついた人、「かぶりもの」をかぶった人……。

ぼくたち犬は、弱視《じゃくし》で、色や、物のりんかくがはっきり見えないから、ふだんとちがう形の人影《ひとかげ》が見えると、人間だとわからなかったりする。

そこでスタッフたちが、その人たちにふんして、慣《な》れさせてくれる。

いろいろな変わった物も見せてもらった。たとえば、リモコンで動くオモチャの車。

ウィーン……。

最初は怖《こわ》くなって飛びすさった。

な、なんだ？　おそるおそる近づいていく。

すると、協会のスタッフが「だいじょうぶ！　だいじょうぶ！」とごほうびで安心させてくれた。

くんくんにおいをかいだり、さわらせてもらったりして、ぼくたちが、「これはオモチャだ」ってわかるまで確《たし》かめさせてもらえる。

こうなったら、もう余裕《よゆう》だ。そばにいても平気。

おりこうに座《すわ》っていられたら、ごほうびをもらえる。

ぼくは、いろんな経験《けいけん》をしながら、人間の社会に少しずつとけこんでいった。しょうらい、聴導犬《ちょうどうけん》として外出するのに備《そな》えて、駅や商店街など、いろいろな場所にも連れていってもらったよ！

聴導犬候補《こうほ》の犬は、聴導犬の訓練に入るまでに順調に育っているかを十一回以上も確かめられる。

ソーシャライザーさんは、子犬がどのように育っているか、報告書を定期的に協会本部に送る。

おしっこのしつけとか、シットやダウンなどの動作ができているかとか、まわりに迷惑《めいわく》をかけるようないたずらをしていないかとか（汗《あせ》）。

秋が過ぎたころ、協会のスタッフにも同じようなチェックを受けた。ぼくは、どれも問題なし！

だからもう、ソーシャライザーさんの家でのくらしは一軒《けん》だけで卒業《そつぎょう》して、いよいよ協会にもどり、聴導犬《ちょうどうけん》としての基礎《きそ》訓練を受けることになったんだ。

こんちゃくコラム

聴導犬《ちょうどうけん》になれなかった犬はどうなるの？

聴導犬の候補《こうほ》に選ばれた犬が、すべて聴導犬になるわけじゃない。

やはりむいていないとわかれば、犬自身が「聴導犬にはならない！」と決めて（つまりイヤだという気持ちを伝えて）、普通《ふつう》の家庭犬になる道を選ぶこともできる。

その場合は、日本聴導犬協会が責任《せきにん》を持って、引き受けてくれる家をさがしてくれるんだって。

いい家族に出会えれば、その犬にとっては、それはそれでハッピーなことだよね！

ぼく（左）と協会の仲間

第三章　聴導犬《ちょうどうけん》の訓練が始まった

十二月はじめ、長野県の協会にもどった。

宮田村は、山から風が吹《ふ》きおろし、東京に比《くら》べると、ずっと寒い！

雪は年に二、三回しかふらないけれど、朝晩《あさばん》は、氷点下になる。でもじつは、犬は暑さには弱い反面、寒さには強い。

協会の庭に雪が積もると、ぼくはその上をはね回って遊んだ。

ソーシャライザーさんの家にいるときに覚えたシットやダウンなどの基礎《きそ》動作は、忘《わす》れないよう、ここでもくりかえし練習した。

「ダウン」を発展させた「アンダー」も覚えたよ。

ユーザーがレストランで食事をしているときや、電車やバスに乗っているときは、ほかの人のじゃまにならないよう、足下に入ってふせをしているのがアンダーだ。

ずっと静かにしているのは、けっこう大変。つい、ちょこちょこ動き出したくなっちゃう。ああ、歩き回りたいなあ。

でも、あとちょっとがまんすれば、ほめてもらえるし、おいしいおやつももらえる！　……がんばれ、自分！

ほめてもらえるのを楽しみに、「アンダー」もできるようになった。


そして、じゃじゃーん！　いよいよ音の訓練が始まった。

聴導犬《ちょうどうけん》はペアを組むユーザーに合わせて、八種類以内の音を教育される。

たくさんの種類の音を覚える必要はないので、訓練する音はユーザーが必要とする音をあらかじめ決めておく。

ぼくは、しょうらいどんなユーザーの人とくらすのか、まだ決まっていなかったから、一般的な音の訓練を受けた。

聴導犬が教える音には、次のようなものがある。

（1）玄関《げんかん》のチャイムの音

耳の不自由な人は、玄関のチャイムが鳴ってもわからない。すると、訪《おとず》れた人は、留守《るす》かと思って帰ってしまう。

チャイムが鳴ったことを光で知らせる「福祉《ふくし》機器」と呼《よ》ばれる機械もあるけれど、これも万全じゃない。チャイムが鳴った瞬間《しゅんかん》、ライトがよく見える位置にいないと、気がつかないからだ。

でもぼくたち聴導犬《ちょうどうけん》なら、音さえ鳴れば、家の中のどこにいてもだいじょうぶ！　チャイムが鳴ったらユーザーのところまで行き、膝《ひざ》にタッチする。

するとユーザーが両手を広げて「何？」と聞く動作をするので、聴導犬は、玄関まで前を歩いて連れていく。

「本当に犬が連れていくの？」って思うかもしれないけれど、ユーザーをふりかえりながら、ついてきてくれることを確《たし》かめつつ、前を歩くんだ。

どう？　犬って、けっこうすごいでしょ？

（2）呼《よ》んでいる人のところまで導《みちび》く

だれかがユーザーを呼んできてと手で合図したら、聴導犬《ちょうどうけん》はユーザーの膝《ひざ》にタッチして報《しら》せ、呼んだ人のところまで前を歩いて連れていく。このときの手の合図は、右手のひじを曲げ、それをさっと遠くに伸《の》ばすしぐさだ。

（3）携帯《けいたい》用の呼び鈴《りん》

銀行や郵便局《ゆうびんきょく》、病院などで、順番が来て名前を呼ばれても、耳の不自由な人にはわからない。そこで、呼ぶ人に鈴を渡《わた》しておき、順番が来たらふって鳴らしてもらう。

聴導犬がその音を聞いてユーザーの膝にタッチし、鳴らしている人のところまで導くことで「呼ばれているよ」と報せる。

（4）笛吹《ふえふき》やかんの音

台所で火にかけたやかんのお湯が沸騰《ふっとう》しても、音が聞こえないとわからない。

そこで、笛吹《ふえふき》やかんがピーッと鳴る音を、聴導犬《ちょうどうけん》がユーザーに報《しら》せる。鳴ったらユーザーのところに行って膝《ひざ》にタッチし、台所まで連れていく。

（5）ドアノック

ホテルなどでドアがノックされたときの音を、聴導犬がユーザーに報せる。コンコンと音がしたら、ユーザーの膝にタッチしてドアまで連れていく。火事が起きたときなどの緊急《きんきゅう》時には、責任重大な仕事だ！

（6）キッチンタイマーなどの音

キッチンタイマーや、洗濯《せんたく》機、電子レンジなどのピーッという終了音を、聴導犬がユーザーの膝にタッチして報せ、その音源《おんげん》まで連れていく。

こうすれば、料理や洗濯をしていることを、うっかり忘《わす》れても安心だね！

（7）FAXの着信音

耳の不自由な人は、電話での会話がうまくできない。だからFAXをよく利用する。届《とど》いたことにすぐ気づけるよう、着信音が鳴ったら聴導犬《ちょうどうけん》がタッチし、FAXのところまで連れていく。

（8）目覚まし時計の音

ジリリリリ！　目覚まし時計が鳴ったら、布団《ふとん》の上に乗り、ユーザーを起こす。

（9）報知器《ほうちき》の音

耳の不自由な人が一番困《こま》るのは、事故《じこ》や災害《さいがい》が起きたときだ。たとえばマンションで火災報知器が鳴っても、耳の不自由な人にはわからない。

だから、聴導犬が「何か鳴ってるよ！　危険だよ！」と報《しら》せる。

でも、このときは報知器のところに連れていってはダメだ。よけい危険《きけん》な目にあう可能性《かのうせい》がある。だから、聴導犬は膝《ひざ》にタッチして報せた後、ふせの姿勢《しせい》

をとる。これは「危険《きけん》だよ」というサイン。それを見たユーザーは聴導犬《ちょうどうけん》を連れて、周囲の人に助けを求めつつ、安全な場所に避難《ひなん》する。

いろいろな音の種類があるけれど、聴導犬が実際《じっさい》、ユーザーに音を報《しら》せるのは、日に三回から六回くらいだから、けっこう楽ちん。

だけど、音を教える以外の仕事もする。

耳の不自由な人は、落とし物をしても音が聞こえず、気づきにくい。

普通《ふつう》の人はあまり意識《いしき》することはないだろうけれど、物が落ちたときは「ガチャン」「コトッ」と、いろいろな物音がするから、気がつきやすいんだよね。

だから、聴導犬は、ユーザーが落とし物をしたときの手伝いもするんだ。

ぼくも訓練を受けて物を拾うのはとても上手になった。でもアゴが悪いから、口で拾うこの作業はしなくていいことになった。

ユーザーによって、追加で別の音の訓練をすることもある。

たとえば、赤ちゃんの泣き声を報せる仕事。

赤ちゃんがいるユーザーにとっては、とても大事なことだよね。

赤ちゃんは、おむつをとりかえてほしいとか、お腹がすいたとか、具合が悪いとか、泣いて教えてくれる。

泣きすぎるとひきつけをおこしたり、食べ物をのどにつまらせたりする。

だから、お母さんに泣き声を早く報《しら》せることは、赤ちゃんの命を助けることにもつながるんだ。

今まで紹介《しょうかい》したように、聴導犬《ちょうどうけん》は音を聞き分けて、すぐにユーザーに教えにいく。でも、いったいどうやって、この仕事をきちんと行えるように訓練するんだと思う？

ぼくは、こんな風にスタッフに教えてもらったんだよ。

まず椅子《いす》に座《すわ》ったスタッフが、キッチンタイマーを「ピピピッ」と鳴らす。

ぼくの耳は、ピクッとする。スタッフの人が手にしているキッチンタイマーにちょこちょこ寄《よ》っていく。

するとスタッフの人は、ごほうびのおやつをぼくに見せて、

「グッドグッド！　こんちゃんえらいねえ！」

と、ぼくの背中《せなか》をわしゃわしゃなでて、ほめてくれたんだ。

そして、おやつを口に入れてくれた！

え？　このくらいで、えらいの？　こんなの、簡単《かんたん》だ！

それからというもの、いろいろな音が鳴るたびに、すぐスタッフのところへ走っていくようにした。毎回ほめられてごきげん。

あるとき、走り寄ったぼくは、思わずスタッフの膝《ひざ》に前足を乗せた。

すると！「グッド、グッド！」って、特に大げさにほめてもらえた。もちろんおやつももらえた。

ははーん。膝にタッチすると、よけいほめてもらえるんだ。

こうして、ぼくは、「音がしたらタッチすること」を覚えた。

そのうち、スタッフは、キッチンタイマーなど音がするものを、少しはなれた場所で鳴らした。

ピピピピッ！　ぼくがタッチすると、スタッフは「何？」って両手を広げて聞いてくる。

《あっちで音がしてるよ》

って、報《しら》せながら前を歩いていくと、またほめられる。

こういう風に、だんだん動き方を練習していくっていうわけ。

ピーッと、笛吹《ふえふき》やかんの音がしたら、ダダダッとタッチしに行く。

ウーッと警報《けいほう》音がしたら、タッチした後ぱっとふせる。

音も聞き分けなくちゃいけないし、なかなか大変だ。

でも、訓練の時間はとても短いから、「訓練って、楽しいなあ！」と思っているうちに、もう終わってしまう。

さて、聴導犬《ちょうどうけん》には、生活に必要な音をユーザーに報せるほかにも、大事な役割がある。せっかくだから、ここで話しておくね。

それは、ユーザーの耳が不自由であることを、周囲の人たちに報せる役目だ。

耳が不自由であることは、ぱっと見ただけではわからない。

目の不自由な人なら、白い杖《つえ》をついている。車椅子《いす》に乗っている人なら、身体が不自由だとすぐにわかる。

でも、聴覚《ちょうかく》にハンディキャップがあることは、耳につけている補聴器《ほちょうき》に気づいてもらったりしない限り、なかなか伝わらない。すると、いざというとき、まわりの人に手助けしてもらえず、困《こま》ってしまうことがあるんだ。

たとえば乗っていた電車が事故《じこ》で止まってしまったとき、説明のアナウンスが流れても、耳の不自由な人にはわからない。

でも、聴導犬《ちょうどうけん》を連れていれば、近くの人が「耳の不自由な人だ」と気がついて、「事故が起きたのでしばらく止まるそうです」とか、メモで報《しら》せてくれるかもしれない。

落とし物をしても、聴導犬を連れていれば、見つけた人が拾い、後ろから声をかけるのではなく、前に回って報せてくれるかもしれない。

また、聴導犬を連れているだけで、

「この犬は、聴導犬《ちょうどうけん》ですか？　はじめて見ました。かわいいですね！」

と話のきっかけができ、まわりの人とコミュニケーションが取りやすくなるのも、ユーザーにとってはうれしいことらしいよ！


協会での訓練は続く。

自分のモットーは、とにかくいつもいっしょうけんめいやること！

「グッド！　グッド！」

とほめられると、どんどんやる気を出しちゃう。こういう性格って、やっぱり聴導犬にはむいているのかな？

そんなある日、こんなことがあった。協会の事務所《じむしょ》のフロアにいたら、花びんにさしてあった花が、ぽとりと床《ゆか》に落ちてしまったんだ。

あれ？　大変だ！　これも報《しら》せてあげなくちゃ！

ぼくは、花を口でくわえ、スタッフの矢澤《やざわ》さんのところに持っていった。そのころは「人に何か報せると感謝《かんしゃ》される」って、もうわかっていたんだ。

すると、椅子《いす》に座《すわ》っていた矢澤《やざわ》さんはふりむいて、

「まあ、こんちゃん！　ありがとう！」

って、にっこり笑ってくれた。お花を口にくわえて差し出したぼくは、

「まるで王子様みたいね！」

っていわれた。

王子様？　ぼく、そんなにかっこいい？

ぼくはただ、矢澤さんにほめてもらいたかっただけなんだよ！

第四章　仁美《ひとみ》さんの左耳が！

こうしてぼくが聴導犬《ちょうどうけん》の訓練を受けていた、二〇一〇年二月のこと。

埼玉県でくらしていた桑野《くわの》仁美さんは、聴力のことで悩んでいた。

仁美さんは当時三十歳（おや？　だまっていた方がよかったかな？）。体は細く、ショートカットの髪型《かみがた》で、ニコッと白い歯を見せて笑うと思わず周囲も明るくなる、そんなかわいい感じの女の人だ。

生まれつき聴覚に異常があったわけではない。

大学生のころから、少し聞こえづらくなったけれど、補聴器を使えば、日常生活に必要な音は聞こえていた。ただしそのころから、足のつけねの股関節《こかんせつ》に痛《いた》みがあり、歩くのが少し不自由だった。

大学を卒業した後は、商社に就職《しゅうしょく》して、電話やＦＡＸで受けた注文を、パソコンに入力していく仕事をしていた。

そして、大学の研究会で出会った、剛《たかし》さんと結婚《けっこん》！

剛さんは、ひょろっと背《せ》が高くて、話し方もやさしく、いつも仁美《ひとみ》さんをそばで静かに見守っている。

仁美さんは、勤《つと》めていた会社を三年で退職《たいしょく》し、その後は、アルバイトで塾《じゅく》の先生などをしていた。子どものころから手芸が大好きで、小物を作ったり、着物を縫《ぬ》ったりするのが趣味《しゅみ》。

これから二人で、明るい家庭を築《きず》いていこう！

そう思っていた矢先、仁美さんの左耳が、とつぜん聞こえなくなってしまったんだ！

（音の聞こえがおかしい……）

そう思って、試しに右耳をふさいでみると、しーんとして、何も音が入ってこない。数日前、耳鼻科に行ったときは異常《いじょう》がなかったのに……。

（どうしてだろう？　なぜ急にこんなことになったのかな？）

仁美さんは、パニックになった。耳鼻科で、聴力検査《ちょうりょくけんさ》をしてもらう。

ヘッドホンをつけ、音がしたら、手元のスイッチを押《お》す検査《けんさ》だ。

すると、仁美《ひとみ》さんの左耳の聴力《ちょうりょく》は、たとえ補聴器を使っても相手の声を聞き取ることができないくらいにまで、落ちてしまっていた。

お医者さんには、「感音性難聴《なんちょう》」と診断《しんだん》された。耳の器官に障害《しょうがい》があると起きる病気で、残念ながらこの病気を治す方法は見つかっていないという。

大学生のときも、同じ病名で、耳が少し聞こえづらくなったんだけど、その症状《しょうじょう》が、一気に進んでしまったんだ。検査の結果を聞き、仁美さんは、めまいがするほどのショックを受けた。

(このままずっと聞こえないままだったら、どうしよう!)

片耳《かたみみ》が聞こえなくなると、いろいろな問題が起きた。

左側から話しかけられても、話がわからないどころか、呼《よ》びかけられていることや、場合によってはそこに人がいること自体に気づけない。無視《むし》してしまい、いやな思いをさせているんじゃないかと、仁美さんは気をつかう。

夫の剛《たかし》さんの声も、うまく聞き取ることができなくなった。

「え？　今、なんていったの？　もう一度お願い……」

口元や顔を見つめながら、時には筆談《ひつだん》をしてもらい、気持ちを集中させて話を聞く。ほかのことをしながら話を聞くなんて、とてもできない。ちょっと会話をしただけで、どっと疲《つか》れる。

じつは、人間の耳は、左右から入ってくる音のうち、必要なものだけを選んで聞き取るようにできているんだよ。

たとえば、両側から同時に話しかけられた場合、たいてい一方のいったことはきちんと聞いて、もう一方がいったことは頭に入らない。これは注意をどちらかにむけて、音を聞き分けているせいなんだ。

ところが、右側しか聞こえないと、周囲の音がいっせいに流れこんできて音の洪水《こうずい》となり、うまく選んで聞き取ることができなくなってしまう。

だから、うるさい場所や、大人数で話をするのは、ほとんど無理になった。

ほかの人たちが何か話していると、気になって仕方ないのに、わからない。

つい、自分のことが話題になっているのでは、と心配になってしまう。

それに、音がしている場所も、つかめなくなった。

人間の脳《のう》は、音が左右の耳に入ってくるときのわずかな時間の差をとらえて距離《きょり》をはかり、どこで音が鳴っているかをキャッチする。

しかし、一方しか聞こえないと、音の出所がわからなくなっちゃうんだ。

プップー！　リリリン！

「あれ？　どこで鳴っているの？」

自動車のクラクションや、自転車のベルが鳴っても、位置がつかめない。

あわててふりむいても、自分が思っていたのとちがう方向から車が来たりする。避《さ》けようとして、かえってぶつかりそうになったこともあった。

「どいてちょうだい！」

自転車のベルを後ろで鳴らした人が、どうして脇《わき》によけないのかと、プンプン怒《おこ》りながら追いこしていったこともある。

自転車ならまだしも、自動車の運転手がクラクションを鳴らしているのに、こちらが気がつかなかったら大変だね。

運転手は、歩行者の方がよけてくれるものと思いこんで、運転していることも多いんだ。

（……怖《こわ》い！　もしひかれたら、どうしよう！）

びくびくしながら道を歩くようになり、道路を渡《わた》るときも、一度立ち止まり、左右をしっかり確《たし》かめてから渡るようになった。……ところが！

ほかの人はさっさと歩くから、自分だけ止まると、今度は後ろから来た人とぶつかりそうになってしまう。

「す、すみません！」

あわてて頭を下げる。毎日、外に出るたびにこんなことのくりかえし……。

しかも剛《たかし》さんによると、仁美《ひとみ》さんは、自分で気がついている以外にも、危《あぶ》ない目にあっていることが、けっこうあるという。

全体の聴力《ちょうりょく》がぐんと落ちてしまい、生活はかなり不自由になった。

一人で家にいるとき、宅配便《たくはいびん》が来てチャイムが鳴っても聞こえない。

「あれ？　わたし家にいたのに、持って帰っちゃった？」

知らない間にポストに不在連絡票《れんらくひょう》が入っていると、残念で仕方なかった。

スーパーで、子どもが走ってきた小さな足音が聞こえず、ぶつかりそうになったこともある。

外出先でトイレに入っているとき、ノックされてもわからなかった。

駅やショッピングモールでのアナウンスも聞き取れない。

（もし、事故《じこ》とか大変なことが起きていたらどうしよう……）

不安になって、まわりの様子をきょろきょろ見る。

外に出かけて、だれかと話さなくてはならないときは、本当に困《こま》る。

店員さんに、後ろから呼《よ》びかけられても、気づけない。

レジでのやりとりも大変だ。

「☆＃＄％＆……？」

何をいわれているのかわからなくても、あいまいにうなずく。

たとえば、スーパーやコンビニでは、「カードはお持ちですか」「ふくろはいりますか」「おはしをおつけしますか」と、客側は、いろいろなことをたずねられる。聞き取れたことにだけ返事をしても、どうも、とんちんかんな答えをしているような気がしてしまう。

しかたなく、必要な物は生協に届《とど》けてもらい、どうしても足りないときは、仕事帰りの剛《たかし》さんに買ってきてもらったり、剛さんのお休みの日に、まとめて買ったりするようになった。

とにかく外に出ることが、不安でしかたがない。

こうして自分だけでの外出は、ほとんどできなくなってしまったんだ。

（ショッピングやお出かけは、大好きだったのに……！）

ものすごいストレスだった。

アルバイトの仕事も、とうとうやめてしまった。

（今までできていたことが、どんどんできなくなっていく。耳の不自由なほか

聴導犬のイベントに参加するぼく（左）

の人たちは、いったいどうしているんだろう？）

仁美《ひとみ》さんは、少しでも情報を集めようと、インターネットで調べてみた。

そこで見つけたのが、聴導犬《ちょうどうけん》に関連するサイトだった。

（聴導犬？　いったい何をする犬？）

それまで、盲導《もうどう》犬や介助《かいじょ》犬のことは聞いたことがあったけれど、仁美さんはそのとき、聴導犬の存在さえ知らなかった。

パソコンにむかいながら、何

度もうなずいた。

（へえ。こんな風に音がしたことを報《しら》せてくれるんだ。犬って、けっこうかしこい！　一度、聴導犬《ちょうどうけん》に会ってみたい！）

そう強く思い、市役所や、聴導犬の育成団体に問い合わせてみたりした。

そして月が変わった三月六日、土曜日のこと。

仁美《ひとみ》さんと剛《たかし》さんは、都内で行われた「耳の日記念文化祭」に出かけていった。三月三日は「耳の日」なので、その週末に行われたお祭で、聴覚障害《しょうがい》に関する講演会やイベントが開かれていた。

手話、要約筆記（だれかが話したことを、メモにまとめて伝える通訳）、補聴器など、耳の不自由な人に関係するコーナーがいろいろある。

聴導犬に会いたくてしかたなかった仁美さんは、さっそく日本聴導犬協会のコーナーに足を運んだ。

（いたいた！　オレンジ色のコートを着たあの犬たちが聴導犬ね！）

「すみません。聴導犬について教えてください」

矢澤《やざわ》さんたちスタッフに、大きな声で話してもらったり、筆談してもらったりして、聴導犬《ちょうどうけん》の話を聞いた。

「聴導犬は、どんな仕事をするんですか？　ユーザーになりたい場合は、どうしたらいいんですか？」

そして、ちょうどそこにいたのが、ぼくだったんだ！

聴導犬の訓練を受けていたぼくは、その日すでに、みんなの前で聴導犬の仕事をやってみせるPR犬に選ばれていた。すごいでしょ！

仁美《ひとみ》さんは、協会のスタッフの足下のシートの上に、おとなしくふせをしているぼくに目をやった。ぼくも、仁美さんを見上げた。

すると仁美さんは、こっちを指さして、こんなことをいったんだ。

「……え？　こんな小さな犬でも、聴導犬《ちょうどうけん》になれるんですか？」

スタッフの矢澤《やざわ》さんが説明する。

「そうなんです。聴導犬の場合、特に犬の種類も決まっておりません」

仁美さんは、それまで補助《ほじょ》犬というと、大型のレトリバー種の盲導《もうどう》犬くらいしかイメージしていなかったらしい。

「なるほど！」

目をくりっとさせて、ぼくのことをしげしげと見ている。

「犬にさわってもいいですか？」

仁美さんは、矢澤さんに質問している。

さわってもいいかどうか、ちゃんと確かめたのは合格。

補助犬《ほじょけん》をいきなりなでる人もいるけれど、お仕事をしている最中は、気が散って迷惑《めいわく》になることもある。

「いいですよ。こんちゃんていう名前の犬です」

「こんちゃん……」

仁美《ひとみ》さんは、ぼくの背中《せなか》を、細い指でそっとなでた。

やさしい感じで、気持ちよかった。でもすぐ手を引っこめる。犬に慣《な》れていないのかな？　こわごわさわった感じ。

じつは仁美さんは、それまで犬を飼《か》ったことがなかった。小学生のとき、野良犬に追いかけられて、怖《こわ》い思いをしたことがあったんだって。

「……とってもおとなしいんですね」

はいはい。それがぼくの取りえです。

そしていよいよぼくが、ほかの犬といっしょに、聴導《ちょうどう》犬のデモンストレーションをすることになった。

「それでは、これから訓練中の犬たちが、デモンストレーションをします」

まわりには、一目見ようと、多くの人が集まる。

矢澤《やざわ》さんが椅子《いす》に座《すわ》り、ぼくは、少しはなれた場所でスタンバイ。

しかけておいたキッチンタイマーが鳴る。

ピピピピッ。

よしっ！　鳴った！

すぐにダッシュで（といっても、まわりから見るとトコトコ歩いてる感じかもしれないけれど）、矢澤さんのところまで行き、膝《ひざ》にタッチ！

矢澤さんの前を歩いて、キッチンタイマーのところまで連れていくことができた。

パチパチパチ……！　集まった人たちは、一斉《いっせい》に拍手《はくしゅ》してくれた。

「聴導犬《ちょうどうけん》ってすごいね」

「あんな仕事をするんだね」

仁美《ひとみ》さんも、すっかり感心している。

「すごい～。なんて頭がいい！」

この日をきっかけに、仁美《ひとみ》さんは聴導犬《ちょうどうけん》のユーザーになることを、少しずつ現実的なものとして考え始めたんだ。

きっと、とつぜん左耳が聞こえなくなった毎日の中で、何か自分を助けてくれるものはないかと、わらをもつかむような思いだったんだろう。

仁美さんはそのころ、「手話」にも挑戦《ちょうせん》し始めていた。

手話って知ってる？　指や手、上半身の動き、表情などを使って言葉を伝える言語だよ。

仁美さんの場合、もししょうらい、聞こえている右耳の聴力までなくなったら、筆談以外に会話する方法がなくなってしまう。そこで、今のうちに手話を学んでおこうと思いたったんだ。

テキストを見て、練習をくりかえした。

「えっと、『ありがとう』は、左手の甲の上で右手を垂直《すいちょく》にちょんとあげる？　うまく伝わるかなあ……」

中には、指を複雑に曲げる手話もある。

「人差し指は伸《の》ばして、小指は曲げて。うわーん、指が筋肉痛《きんにくつう》になりそう！」

ちなみにぼくの名前「こん」を手話で表すとき、スタッフも仁美《ひとみ》さんも「キツネ」の手話を使う（左の写真）。

ぼく、……キツネじゃないんだけどなあ（笑）。

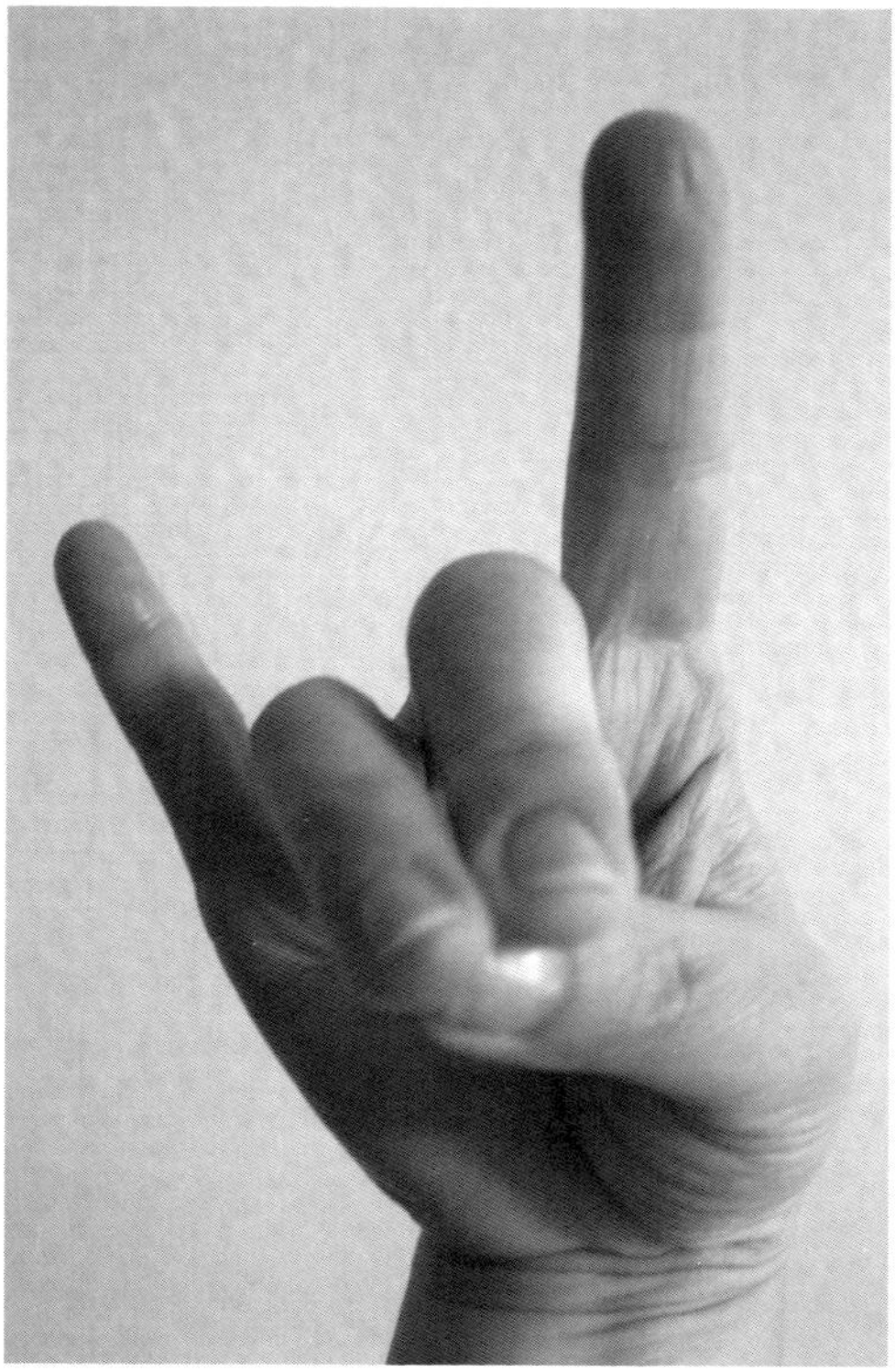

こうして仁美《ひとみ》さんは、
「明日の夕飯、何食べたい？」
など、剛《たかし》さんと話すときの身近な手話から覚え始めた。
「じゃ、ぼくもいっしょに覚えるよ！」
うれしいことに、剛さんも手話を勉強してくれるようになった。こうすれば、いつかは夫婦の会話も手話で全部できるようになるはずだ。

すると剛さんはしだいに、「あいうえお」などの文字を指で表す「指文字」の達人になっていった。

仁美さんが曲げづらい小指も、きちっと曲げられる。

こうして、剛さんとの会話がぐっとスムーズになったおかげで、仁美さんのそれまでのイライラや落ちこみも、だいぶ和らいでいった。

（少なくともこれで、夫婦の会話はなんとかなりそう）

一つ前に進めた気がした。

郵便局《ゆうびんきょく》などに、どうしても出かけなくてはならないときは、相手に文字で書いてもらうため、あらかじめ筆談用のノートとペンを持ち歩くようにした。

　こうすると、少しはやりとりが楽になる。

　聴導犬《ちょうどうけん》を持つ夢も捨《す》てきれない。日本聴導犬協会が開いたイベントにまた出かけていき、会場の外で、実際に犬のリードを持たせてもらった。

　でも、そのときはぼくじゃなくて、中型犬が相手だった。仁美《ひとみ》さんの歩きにきちんと合わせてくれたけれど、小がらな仁美さんは引っぱられているような感じがしたそうだ。

（でも、だんだん慣《な》れればだいじょうぶかも？　小型犬もいるみたいだし）

　そこで仁美さんは、梅雨も明けた七月末、思いきって長野県の日本聴導犬協会本部をたずねてみることにした。

　今度は、犬の世話を体験させてもらえるという。

「ようこそ、いらっしゃい」

　スタッフや協会の犬やネコたちが、仁美さんたちを温かくむかえる。

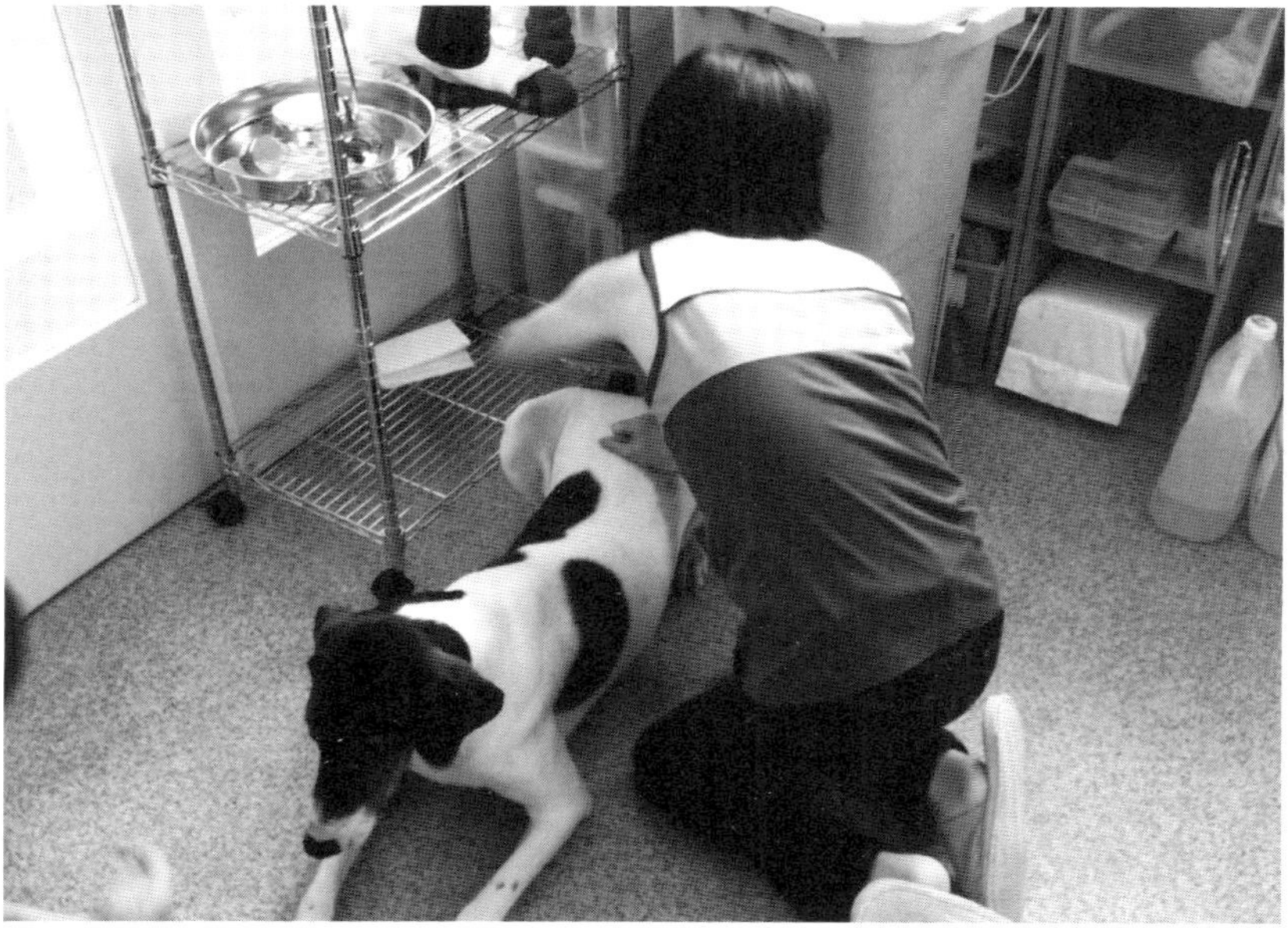

じんくんにブラッシングする仁美さん

「うわあ。きれいで立派《りっぱ》な建物ですね！」

仁美《ひとみ》さんは、協会の近代的な施設《しせつ》を見て、信頼《しんらい》がおけそうだと思った。

さっそく、じんくんという、体長が一メートル以上ある大きな犬のブラッシングに挑戦《ちょうせん》！

左手で少しずつごほうびのおやつを食べさせながら、右手でブラッシングしていく。

（……こ、怖《こわ》い。だけど訓練を受けている犬だから、ぜったいかみついたりしないはず！）

じんくんのまわりをくるくる回りながら、ブラシをかける。

ところが、慣《な》れないため、時間がかかってしまった。

《この人、まだブラッシングがへただっぺ》

じれてきたじんくんは、舌《した》を器用に使い、仁美《ひとみ》さんの左手のおやつを、

《いっただきい～》

と、ぺろりと食べて、さっさとはなれて行ってしまった。仁美さんは、

「うわははは……。やられたあ。本当に頭がいいですね！」

と、感心するばかり。

それから、犬といっしょに歩く練習にチャレンジ！

このとき、相手をしたのが、じゃじゃーん！　ぼく！

「こんちゃん！　前にも会ったね！」

あれ？　いつかぼくのデモンストレーションを見に来てくれたあの人だ！

ぼくは、自分から走り寄《よ》った。

ニコニコ明るい女の人だから、このころから、大好きだったんだ。

外に出て、仁美《ひとみ》さんが、ぼくのリードを持つ。

その日仁美さんは、股関節症《こかんせつしょう》の症状がひどく、杖《つえ》をついていた。

歩き方がゆっくりだから、どうしてもぼくがリードを引っぱり気味になった。

でも、リードを引っぱるのはいけないことだと習っている。

だから、仁美さんが歩くペースに合わせてなるべくゆっくり歩いたよ。

まだこのときは、おたがいペースが合わなくて、うまくいっしょに並《なら》んで歩けない。ま、最初だから、仕方ないか。

また屋内にもどる。この日は、仁美さんのほかにも見学者がいたので、その後、ぼくたちが聴導犬《ちょうどうけん》のデモンストレーションを行った。ところが……。

ゴロゴロゴロ！　ちょうど窓《まど》の外の空がかき曇《くも》り、雷《かみなり》が鳴り出した。

でも、ぼくは平気！　このくらいで怖《こわ》がったりしなかった。

じつはその日、日本聴導犬協会の方では、仁美さんがどのくらい聴導犬を必要としているのかを判断《はんだん》しようとしていた。スタッフは告げた。

「やはり桑野《くわの》さんの場合、聴導犬がそばにいたら、いろいろ助かるでしょうね。

外に出てぼくや日本聴導犬協会のスタッフと歩く仁美さん

こんちゃんくらいの大きさの犬が、ぴったりかもしれませんよ」

……やっぱり、ぼく？

こうして、ぼくと仁美《ひとみ》さんの距離《きょり》は、またぐっと近づいたんだ。

聴導犬《ちょうどうけん》が生まれた国

聴導犬が生まれた国はどこか知ってる？　答えは、アメリカ。

耳の不自由なリンダ・プリチャードさんが 16 歳になったとき、一人ぐらしをするために両親が飼《か》ったシェパードのスキッピーが、世界初の聴導犬だ。

スキッピーは生後 4 ヶ月で自然に音を報《しら》せたことがきっかけで、その後プロの訓練士から音を教える訓練を受け、聴導犬が誕《たん》生《じょう》したんだ。正式に認《みと》められたのは 1968 年だから、今から 50 年くらい前のこと。

日本で聴導犬の試行が始まったのは、じつは世界で 2 番目に古く 1981 年。日本で第 1 号聴導犬は 1984 年に誕生した。しかしなぜかその後にスタートしたイギリスの方が、先に発展してしまった。

これまでにアメリカで活躍《かつやく》している聴導犬は推計で約 6000 頭、イギリスでは約 2500 頭といわれているのに、日本ではまだ 200 頭前後なんだ。

第五章　くりかえし行われる訓練

仁美《ひとみ》さんは念のため、他の聴導犬《ちょうどうけん》の育成団体にも足を運んだ。

聴導犬の育成団体は、いくつもあり、団体によって、犬の育成の仕方やユーザーが払う費用などが、少しずつちがう。

たとえば、ぼくを育ててくれた日本聴導犬協会の場合、聴導犬を一頭育て、ユーザーに貸与《たいよ》し、その後定期的に様子を見にいくのに、約二百万円の費用がかかるんだって！　二百万！　すごい金額《きんがく》だね！

だけど、協会は、無料で貸与《たいよ》やアフターケアをしている。

ユーザーが実際に支払うのは、犬の食費と、ペットシーツなどの生活品代、動物病院でかかる費用だけだ。

つまり、普通《ふつう》にペットとして犬を飼うのと同じお金で、聴導犬を協会から貸《か》してもらえるっていうわけ。

ユーザーが住んでいる自治体によって、聴導犬《ちょうどうけん》を育てる団体に補助金が出たり出なかったりするけれど、それとは関係なく、支払うのはそれだけ。

なぜこんなことができるのかというと、協会には、多くの人から善意《ぜんい》ある寄《き》付金《ふきん》が寄《よ》せられているからだ。

ただ仁美《ひとみ》さんの場合、聴導犬の申しこみをしようとすると問題があった。

普通《ふつう》、聴導犬が貸与されるのは、耳の不自由さが重度の「障害《しょうがい》者程度等級」が「二級」や「三級」の人に対してだ。ところが仁美さんは、片耳だけ聞こえないため、それより軽い「四級」だった。

（まだわたしは、申しこみができないのかしら……？）

しかし、日本聴導犬協会の会長の有馬《ありま》さんは、仁美さんにこう伝えた。

「たとえ四級であっても、本人が生活に困《こま》っていらっしゃるのなら、聴導犬の貸与《たいよ》を考えますよ」

これは、とてもありがたいことだよね！

仁美さんは、とうとう決心した。

（やっぱりこの協会に申しこもう！　聴導犬《ちょうどうけん》といっしょにくらしたい！）

こうして二〇一一年一月、日本聴導犬協会に聴導犬の申しこみを行ったんだ。

そして、ユーザーになる訓練が始まるのを待っていた、三月十一日、午後二時四十六分。

グラグラグラッ！　東日本大震災《だいしんさい》が起こった。

仁美《ひとみ》さんの家も、震度五強の大きな揺《ゆ》れにおそわれた。

「わわっ！」

家に一人でいた仁美さんは、あまりの恐怖《きょうふ》に、部屋のすみでふるえているばかり。

ガラガラ……。ガッチャン！　棚《たな》の物が落ち、家の中はぐちゃぐちゃだ。

こんなに大きな地震にあったのは、生まれてはじめて。

テレビをつけて、各地の震度を見て、ぼうぜんとなった。

「宮城県で、震度七！　震源は太平洋？」

画面には、東北の海岸に津波が押《お》し寄《よ》せてくる映像《えいぞう》が映っている。しかし、アナウンサーが話している言葉がわからない。

(なんて言っているの？　何が起こったの？)

テレビの字幕《じまく》はおくれて出る。ラジオは聞き取れない。

しかたなくテレビをつけっぱなしにしておくと、津波の映像がくりかえし流れて、精神的にとてもきつかった。

しかも、そんな中、強い余震《よしん》がひっきりなしにおそってくる。

グラグラッ。

「きゃああ……！　……いったいこれから、どうなるの？」

ふるえる手で会社にいる剛《たかし》さんにメールすると「無事だよ」という返事が来たので、少しほっとした。

しかし、首都圏《けん》では、地震のため、電車が全部止まってしまっている。

剛さんは、いつ家に帰ってこられるかわからない。

(早く、……早く帰ってきてほしい)

剛《たかし》さんは、会社から八時間歩いて、深夜二時過ぎ、やっと家に帰ってきた。
「ただいま！」
「おかえり！　無事でよかった！」
仁美《ひとみ》さんは、ようやく安心することができた。
しかし剛さんは数日後、また出勤《しゅっきん》していく。いまだに続いている余震《よしん》。
仁美さんは、一人になると、心細いかぎり……。
耳が不自由だと、防災《ぼうさい》無線も聞こえない。
もし避難所《ひなんじょ》に行くことになっても、まわりの人が何を話しているのかわからない。
どこかに閉じこめられても、外からの呼《よ》びかけが聞こえない。
（やっぱり、こんなときのためにも、聴導犬《ちょうどうけん》がそばにいてほしい！）
しみじみと、そう感じた。

四月七日。桜《さくら》の花が、あちこちの庭先に咲いたころ。

東日本大震災《しんさい》から、一ヶ月もたたず、まだ世の中は落ちついていない。

それでも、日本聴導犬協会《ちょうどうけん》のスタッフたちは、仁美《ひとみ》さんからの申しこみを受け、長野県から埼玉県の家を訪《たず》ねてきてくれた。

どんな環境《かんきょう》で聴導犬を飼《か》うことになるのか、様子を見るためだ。

(いよいよ聴導犬ユーザーへの第一歩を踏《ふ》み出すんだわ！)

仁美さんは、胸《むね》が高鳴る。

「こんにちは。おじゃまします」

そして、協会のスタッフといっしょに登場したのが、じゃじゃーん、ぼく！

そう、仁美さんとペアを組む聴導犬候補には、やはりぼくが選ばれたんだ。

もともと仁美さんは、聴導犬として、毛がぬけにくい犬を希望していた。アレルギーでせきが出ることもあったからだ。ぼくの犬種、シーズーなら、毛がぬけにくくてぴったりだね！

仁美さんの家は、二階建ての一戸建てだ。

協会のスタッフは、間取り図を元に、いろいろなことを調べた。

玄関《げんかん》のチャイムの音は、どこで鳴るのか。

寝《ね》るのはベッドなのか布団《ふとん》なのか（目覚まし時計の音でユーザーを起こす訓練のためだよ）。

キッチンタイマーは、どんな音がするか。

ユーザーの家族にはどんな人がいて、どのくらい協力してくれそうか。

近所の交通機関や、買い物先、美容院、歯科医院など、もし聴導犬《ちょうどうけん》が来たらどこにいっしょに行くことになるのかも確《たし》かめる。

仁美《ひとみ》さんと剛《たかし》さんは、スタッフの質問に答えながら家の中を案内した。

ぼくが、ちょこちょこ歩くと、仁美さんは、また背中《せなか》をなでてくれた。

「わあ、ふわふわ！　やっぱり、こんちゃん、かわいいね……！」

えへ。そう？　ありがと！

ぼくは、なんだかうれしくなって、どんどん先に行こうとした。

トトトトッ！

アイタ！

階段で、剛《たかし》さんがはいていたスリッパに顔をぶつけちゃったあ……。

「まったく、こんちゃんたら……。大はしゃぎね」

みんなで大笑い。

仁美《ひとみ》さんと剛さんも、今後のことを考えて楽しそうにしゃべっている。

「早く聴導犬《ちょうどうけん》として来てくれるといいね！」

五月にはいよいよ長野県の日本聴導犬協会で、仁美さんとぼくがペアを組み訓練を始める。

ぼくが仁美さんに報《しら》せる音は、みんなで相談して、次の音に決まった。

ドアチャイム、ドアノック、キッチンタイマー、笛吹《ふえふき》やかん、呼《よ》び鈴《りん》、警報《けいほう》機《き》の音。

それから、呼んでいる人のところまで仁美さんを連れていく仕事も、覚えることになったよ！

ゴールデンウイークが終わり、いよいよ五月八日から、長野県の協会での「滞在訓練」が二週間かけて行われた。

ユーザーになりたい人が協会に行って、聴導犬候補《ちょうどうけんこうほ》の犬とペアを組み、スタッフの指導《しどう》を受けながらいろいろなことを覚える訓練だ。

協会の施設《しせつ》の一階には、研修で泊《と》まりこむときのための部屋がある。

キッチンの設備もあるので、朝晩《あさばん》の食事は自分で作る。

昼ご飯は、スタッフが持ち寄《よ》ったものを、いっしょに食べる。

まるで合宿生活みたいだね！


訓練ではまず、ユーザーになる人が、スタッフから、聴導犬《ちょうどうけん》についての基本的な講義《こうぎ》を受け、犬とのコミュニケーションの取り方、犬の気持ちや行動の仕方、健康管理について学ぶ。

仁美《ひとみ》さんは、テキストにかじりついて、こういっていた。

「……こんなにいっぱい、覚えることがあるんだ！」

二日目からは、実際《じっさい》に犬を相手にしながら、おしっこやウンチのさせ方、シャンプーやブラッシングの仕方などを習う。

スポーン（胴輪《どうわ》）のつけ方も、犬ではなく、スタッフを相手につけるところから練習してたよ。

首輪ではなくスポーンを使うのは、聴導犬を安全に、しかもうまくコントロールできるようにするためだ。首輪だけだと、リードが強く引っぱられた場合、首の骨《ほね》に悪い影響《えいきょう》があるからね。

犬と歩く練習も大事だ。一階の広い訓練室の中を、仁美《ひとみ》さんがぼくのリードを持って歩き、スタッフが指導《しどう》する。

「リードは少したるませた状態で、犬が人より先に飛び出さないように注意しながら歩いてください」

「はい……。わわ、またリード引っぱっちゃった。見ていると簡単《かんたん》そうなのに、やってみると、なかなかむずかしいですね」

仁美さんは、悪戦苦闘《くとう》。

訓練が始まって数日すると、ぼくは、仁美さんが泊《と》まっている部屋で、いっしょに生活するようになった。

わーい！　これで夜もずっといっしょにいられる。お母さんに甘《あま》えちゃおうかな。

そう。仁美さんがぼくのユーザーになるということは、つまり、温かい言葉でいうと、飼い主の女性、「お母さん」になるということだ。

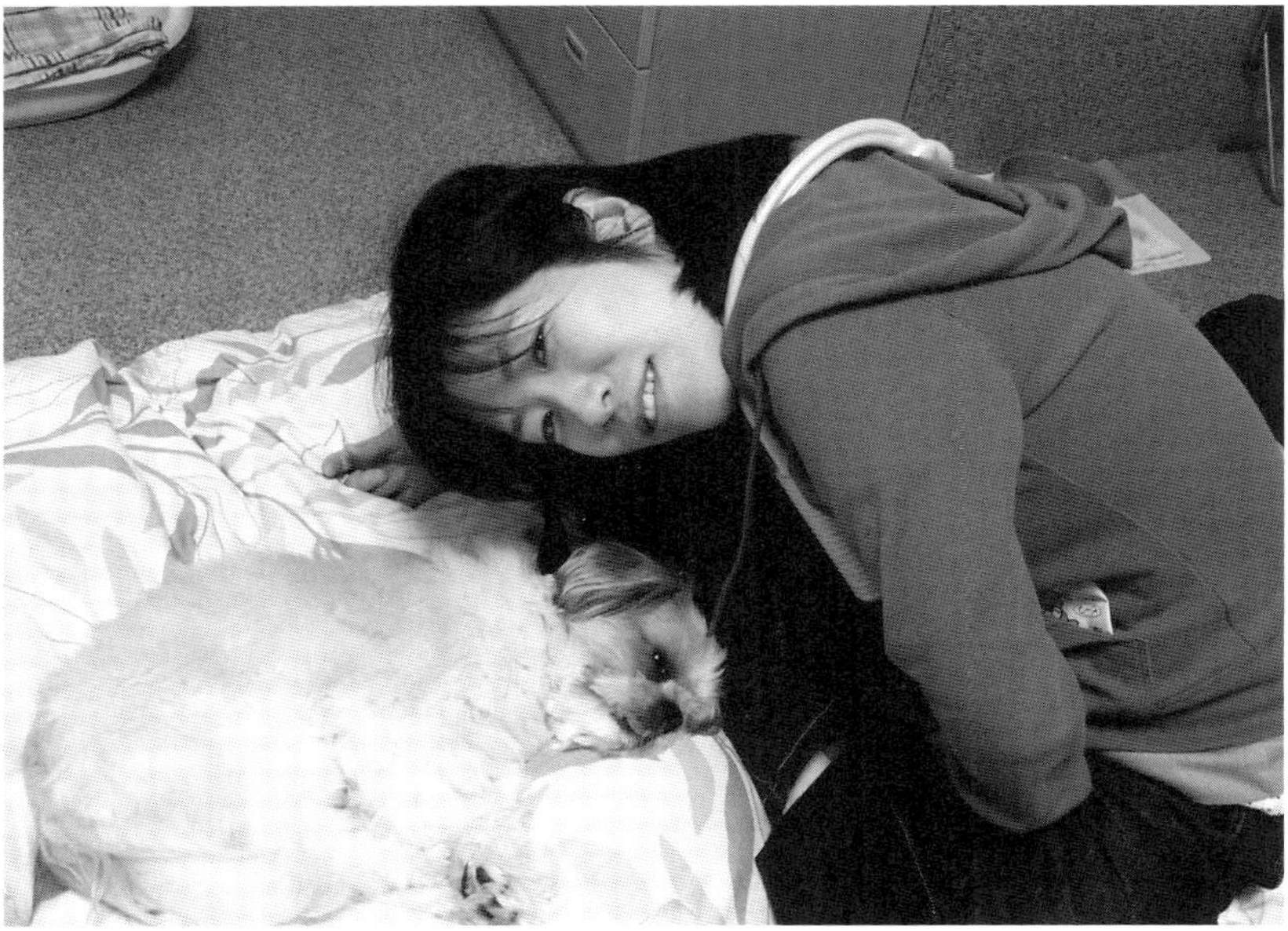
滞在訓練でぼくとすごす仁美さん

日本聴導犬《ちょうどうけん》協会では、ユーザーを聴導犬の「お母さん」「お父さん」と呼ぶんだよ。

これからはお母さんの仁美《ひとみ》さんが、ぼくをブラッシングし、シャンプーし、爪切《つめき》りも歯みがきもする。体《からだ》の各部分《かくぶぶん》の様子や、足の裏にとげや小石がはさまっていないかどうかも見てくれる。

元気でハッピーな状態でいてこそ、聴導犬の仕事は楽しくこなすことができる。健康管理は、とっても大事だね！

仁美《ひとみ》さんが聴導犬《ちょうどうけん》に音を報《しら》せてもらう訓練も、ほかの訓練の合間に少しずつ行われていく。

まずスタッフがぼくを相手に、やってみせる。

ピピピピッ！

よし、タッチ！

「グッドグッド、こんちゃん！」

次に仁美さんが挑戦《ちょうせん》！

「あれれ？」

音が聞こえる前に、あせって「何？」と聞く動作をしちゃったり、なかなかテンポが合わない。

《がんばれ、お母さん！》

ぼくも、仁美さんの動き方に慣《な》れるまで、少し苦労したけれど、だんだんうまく息《いき》が合うようになった。

仁美さんは体力がなく、少しがんばるとすぐ疲《つか》れてしまう。だから、スタッ

バッグのなかみはいっぱい

フはときどき休憩《きゅうけい》を入れながら、無理のないペースで訓練を行っていた。

訓練が始まって五日目、いっしょに外に出かける練習もした。

聴導犬《ちょうどうけん》と外出するときは、ユーザーはいろいろな物を持ち歩かなくてはならない。

補助《ほじょ》犬の認定証《にんていしょう》や、健康管理の記録をつける補助犬健康管理《けんこうかんり》手帳、ウンチを入れるビニール袋、ペットシーツ、敷物《しきもの》、ごほうびのおやつ、毛取りローラー、犬が水を飲むときの食器、ウェットティッシュやタオル……。

何があっても対応できるように持ち物をそろえ、まわりの人に迷惑《めいわく》をかけないよう、気を配って街《まち》を歩く。

仁美《ひとみ》さんは、ずっしり荷物《にもつ》が入ったショルダーバッグを肩《かた》から提《さ》げ、ただでさえ歩くのが大変そうなのに、かなり苦労しているようだ。

買い物に行く訓練もあった。

最初は、協会の施設《しせつ》の中で練習し、それから近くのスーパーで訓練した。

その後、協会から車で一時間行ったところにある松本市の商店街に出かけた。

はじめての本格的な、施設の外での訓練だったので、訓練時間は短めだ。

ちょうどその日は雨。

ぼくも、レインコートを着せてもらって、がんばった。

お母さんが、水にぬれないようにしなくっちゃ。

水たまりを避《さ》けながら歩く。あっちへちょこちょこ、こっちへちょこちょこ。

けっこう大変だったよ。

仁美《ひとみ》さんは、スーパーでは、カートを押《お》しながら、ぼくのリードを持った。

しかし、握力《あくりょく》が弱いため、手に持つリードがすべってしまう。

スタッフがリードを横から直してくれる。

よろよろ歩いて、危なっかしい。

《……おいおい、お母さん、だいじょうぶ?》

カートとぼくに振《ふ》り回されていたら、買い物どころじゃないね。

バスに乗る訓練もあった。乗り降りするときは、犬の安全を確《たし》かめ、聴導犬《ちょうどうけん》を連れていることを、スタッフが運転手に説明してから乗る。

ぼくと仁美さんが車内に入ると、まわりの人がめずらしそうにこっちを見た。

仁美さんが緊張《きんちょう》するのが伝わってくる。

スタッフがまわりの人に「聴導犬です」と説明している。

でもぼくは余裕《よゆう》で、仁美さんが敷《し》いた敷物の上でアンダーをしていた。

バスが走り続ける。乗客が降りたり、乗ったり。

降りるところが近づいたら、仁美さんは、敷物をたたみ、座席《ざせき》に犬の毛がつ

ぼくのドヤ顔

いていないか確《たし》かめたり、毛取りのローラーをかけてきれいにしたりしてから
バスを降りる。外の風に吹《ふ》かれて、ほっと一息。

「はあ〜。緊張《きんちょう》した」

仁美《ひとみ》さんは、ため息をついていた。スタッフがすかさず指導《しどう》していた。

「うまく乗り降りができたら、タイミングをのがさず、こんちゃんをほめてあげてください」

「あ、そ、そうでしたね。こんちゃん、がんばったね！　グッド、グッド！」

ごほうびのおやつをもらうと、ぼくは「ドヤ顔」で仁美《ひとみ》さんを見上げた。

《どう？　ぼく、おりこうにしてたでしょ？》

仁美さんは、思わずぷっと吹《ふ》き出していた。

「うん、とってもじょうずにできたよ、こんちゃん！」

こうして、滞在《たいざい》訓練は、無事終了した。

仁美さんは、埼玉県の家にもどっていった。ぼくは協会に残る。

次の訓練は、しばらく先。人と犬、両方がゆっくり休みを取るためだ。

この先まだまだ訓練は続く。

この休みの間に、仁美さんは、リードがすべらないよう、すべり止めのついた手袋《てぶくろ》を用意した。

荷物《にもつ》がたくさん入るバッグも、得意の手芸の技を活かして作ってくれた。

これで、外出のときも安心だね！

第六章　手術《しゅじゅつ》を乗りこえて

六月十日から、場所を仁美《ひとみ》さんの家に移し「自宅訓練」が行われた。

……さあ、ぼくの出番だ！

と思ったら、そうじゃなくて、まず行ってくれたのは、先輩《せんぱい》犬のチワワ、けいちゃん（沖縄で二頭目の聴導犬《ちょうどうけん》になった犬）だった。

新人の犬は、環境《かんきょう》が変わるとうまくできなくなることがあるから、先輩のけいちゃんが先に仁美さんの相手をしてくれたんだ。

仁美さんの方も、協会で行ったことをいざ自宅でやろうとすると、勝手がちがって、かなり苦労したらしい。

そして六月十九日からは、いよいよ、ぼくの登場！

家に着いて、一ヶ月ぶりに仁美さんに会うなり、大興奮《こうふん》（汗《あせ》）。

「こんちゃん！　いらっしゃい！」

《わーい！　お母さんだ！》

久しぶりに来た家なので、最初は、まわりのにおいをクンクンかぎ回ったけど、だいたい様子はつかめた（犬はにおいで、ほかの犬がいないかとか、情報を探るんだよ）。

その日は、なんとテレビ局の撮影《さつえい》スタッフが仁美《ひとみ》さんの家を訪《おとず》れていた。聴導犬《ちょうどうけん》のユーザーになるまでの様子を番組で放送するという。

テレビカメラを持った人や、ディレクターの人、照明やマイク係の人もいて、なんだか緊張《きんちょう》！

スタッフの指導《しどう》を受け、一階の台所でキッチンタイマーの訓練をする。

ピピピピピ！　ぼくは、仁美《ひとみ》さんのところへタタタッと走って報《しら》せようとしたけれど、まちがえて近くにいたテレビ局の女性スタッフの足にタッチしてしまった。顔を見上げる。

……うあああ！　まちがえた！　ちがう人だ！

あせりまくる。あわてて、仁美さんを探す。

あっちだ！　こっちを見て、ちょっと笑ってるぞ！

（こんちゃんでも、まちがえることがあるのね……）

やっとタッチできた！

その後ドアをノックしたことを教えたり、ユーザーを呼《よ》んできたりする訓練も行った。

タタタタッ！　よく相手を確《たし》かめて！（そこからかい！）

今度は、まちがえずに行うことができた。

仁美《ひとみ》さんと、外にもいっしょに出かけてみた。

自宅訓練では、ユーザーが行く店や病院などへスタッフが同行し、聴導犬《ちょうどうけん》の説明をしてくれる。

はじめての道は、ウキウキ！　駅の近くには商店街もある。

お散歩は楽しいね！　でも仁美さんは、なんだかそわそわしていた。何しろ犬を連れて地元の町を歩いたことがなかったから。まわりの人の視線《しせん》が気になるらしい。

《お母さん。ほらほら、しっかり前を見て！　足下に気をつけてね》

スタッフの人たちと、近くのショッピングモールにも、いっしょに行ってみた。ビルの中にたくさんのお店が並《なら》び、夕方の買い物客でにぎわっている。

協力をお願いした喫茶《きっさ》店に、いっしょに入った。

認定前の補助犬でも、こうやって理解あるお店に入れてもらえると、練習にもなって、とても助かるんだ。

ぼくは、仁美《ひとみ》さんがお茶を飲んでいる間、「アンダー」をして、ぐうぐう寝《ね》ていた。後でみんなに、

「さすがこんちゃん、大物だね！」

ってほめてもらっちゃった！（これってほめ言葉だよね？）

こうして自宅訓練十四日間のうち三日が終わった。でもぼくが協会に帰った夜、疲《つか》れた仁美さんは、とうとう熱を出してダウンしちゃったらしい（汗《あせ》）。

がんばったね。お母さん。どうかゆっくり休んでね……。


自宅訓練は、数ヶ月かけて何度も行われる。

その間、協会のスタッフが定期的に訪問《ほうもん》してチェックとフォローをする。そして、認定《にんてい》試験が受けられるレベルになるまで、この自宅指導が何度も続けられていくんだ。

ぼくと仁美さんのペアは、訓練も順調に進み、この調子なら十月には、聴導《ちょうどう》犬《けん》の認定試験に臨《のぞ》むことができそうだった。

しかし八月に入ってからのこと。ぼくはまた、アゴに痛《いた》みを感じるようになっていた。

痛いよぉ、痛いよぉ、どうしてなんだろう……。

仁美《ひとみ》さんも、気がついた。ぼくが口の右側を、何度もなめていたからだ。

(どうして、そんなになめているのかしら。もしかしてまたどこか具合が悪いんじゃないかしら)

そこで、協会のスタッフに頼《たの》み、ぼくをまた赤坂動物病院へ連れていってもらったんだ。

すると、レントゲンを撮《と》って調べた結果、なんと、また下アゴを骨折《こっせつ》していることがわかった!

「えっ? 骨折!」

仁美さんは、目を丸くする。

……がーん! まさかの展開。

いつか、デンタルコットン(犬がかんで遊ぶオモチャ)が、口にはさまってしまったことがあった。あのとき、自分で取ろうとして、アゴを痛《いた》めてしまったのかな？

仁美《ひとみ》さんは、悲しそうな顔で、しきりにあやまっている。

「もっと早く気づいてあげればよかった！　ずっと痛いのをがまんしていたのね。ごめんね、こんちゃん……」


こうしてぼくは、また手術を受けることになった（滝汗《たきあせ》）。

そのため、十月に受けるはずの聴導犬《ちょうどうけん》の認定《にんてい》試験は、次の年の二月に延期《えんき》になってしまったんだ……！

「でもしかたないわ。こんちゃんの健康が第一だもの」

仁美さんは、そういって、ぼくをだっこし、背中《せなか》をなでてくれる。

……ごめんね、お母さん！

ぼくは、赤坂動物病院に二週間ほど入院することになった。

またもや、はなればなれで一人ぼっちの生活。

手術《しゅじゅつ》も、がんばったよ！

傷口《きずぐち》は、しばらくじんじん痛《いた》かったけど……（涙《なみだ》）。

いよいよ退院《たいいん》という日、お母さんがやっと病院に来てくれた。

じつは、会いにいっても連れて帰れないなら、かえってかわいそうだと思い、面会をえんりょしていたらしい。

「こんちゃん！　退院おめでとう！」

《……あ、お母さんだ！　お母さん、お母さん！　会いたかったよぉ！》

うれしくて舞《ま》い上がったぼくは、しっぽをふり、歩き回る！

仁美《ひとみ》さんにすり寄《よ》り、だっこしてもらう。顔を見上げる。

《お母さんの家に帰れるんだよね？》

でも、お母さんは、困《こま》った顔で協会《きょうかい》のスタッフの人と話している。

そして、ぼくにこういった。

「ごめんね、こんちゃん。まだアゴの抜糸《ばっし》が済《す》んでいないから、やっぱりもうしばらくは協会で安静にしてもらうことになったわ」

《せっかく会えたのに？》
……しくしく。ぼくは、スタッフに連れられ、長野県の協会へ。
また別々の生活だ。でもまだアゴが痛《いた》かったから、治るまでは仕方がない。
しょぼんとしながら、協会で過ごしたんだよ。

涼《すず》しくなった十月はじめ、ようやくアゴの抜糸《ばっし》も済《す》み、仁美《ひとみ》さんの家にもどった。この頃《ころ》になると、ぼくは仁美さんにいつもべったり甘《あま》えていた。

どこまでも付いていく！　だって、お母さんが大好きだから！

トイレに入るときもいっしょ。こうしておけば、外出先のトイレで、だれかが外からノックしても知らせることができる。

お母さんが家事をするときも、いつもそばにいる。

でも、ぼくには、どうしても怖《こわ》くてしかたないものがあった。

……なんだと思う？　それは、掃除機《そうじき》。

仁美さんがスイッチを入れる。

ゴー！　……ひゃああ！　なんだ、この大きな音は！

怖《こわ》くて飛びすさり、ちょこちょこ逃《に》げ出す。

「あらまあ、掃除機《そうじき》は、怖くないよ、こんちゃん！」

仁美《ひとみ》さんは、どうしたらぼくが慣《な》れるかと知恵をしぼったらしい。

協会からの指導《しどう》も受け、最初はスイッチを入れない掃除機をぼくのそばに置くことにした。

ぼくは、チロリと掃除機を見る。これなら、怖くはないけど……。

そばでおとなしくしていると、仁美さんはごほうびのおやつをくれた。

わーい、ほめられちゃった！（↑ここですぐ調子に乗るのがぼく！）

――静かな掃除機に慣れたところで、仁美さんはまたスイッチを入れる。

ゴー！　……ひゃああ！

ぼくは、びくっとするけれど、よく見ると、別に怖いことをされるわけではないとわかる。

逃げ出さずにいると、仁美さんがまたごほうびをくれる。

やったあ！（↑やっぱり単純？）

こうして、掃除機《そうじき》にはだんだん慣《な》れて平気になったんだけど、今度は長いコードが怖《こわ》くなった。

何？　あの、ぐにゃぐにゃしてるやつ。まさかヘビじゃないだろうなあ！

そばから飛びすさって、びくびく様子を見る。

「こんちゃん、だいじょうぶよ。怖くないからね！」

仁美《ひとみ》さんは、小さい子をあやすようなやさしい声でいってくれた。

何度も掃除機をかけるうち、コードにもやっと慣れた。

掃除機を怖がるなんて、おかしいかな？

でも、見知らぬ物や、大きな音がする物はやっぱり恐怖《きょうふ》なんだ。

ほかにも、なかなか慣れなかったものがある。

日本美人の（↑たまにはほめたりして）仁美さんは、ときどき着物を着るんだけど、バサッと広げて着ようとすると、怖いんだ。

《な、何？　大きなお化けみたい！》

試験当日の仁美さんとぼく

このときも、ひええっと、遠くまでにげる。

「だいじょうぶよ。ただの着物だよ」

　そういってもらっても、なかなか慣《な》れず、平気になるまでには、時間がかかった。だってそれまで、だれかが着物を着るの、一度も見たことがなかったんだもん……！

　一ヶ月ほどしてまた獣医《じゅうい》さんに連れていってもらい、診察《しんさつ》を受けたら、ぼくのアゴはしっかり治っていた。これで、もう安心して認定《にんてい》試験に臨《のぞ》めそうだ。

仁美《ひとみ》さんも、目に気合いが入ってきている。

「こんちゃんが、アゴが痛《いた》くてもいっしょに訓練してくれたんだから、お母さんも、がんばらなくちゃね！」

そうこなくっちゃ！

二〇二二年二月、とうとう認定試験が行われた。

仁美さんの左耳が聞こえなくなってから、二年の月日が流れていた。

この試験は、厚生労働大臣が指定した、日本聴導犬《ちょうどうけん》協会などの団体が行う。

審査員《しんさいん》は、獣医《じゅうい》さんや協会の有馬《ありま》もと会長と、聴導犬に関係する専門家のみなさん（補助《ほじょ》犬訓練士、医師、言語聴覚士、社会福祉士、相談員）。

聴導犬の試験だなんていうと、ぼくたち犬が試されるように思うかもしれないけれど、ユーザーが犬を使いこなせるかどうかを中心に見られる。

まず、ぼくと仁美さんは、スタッフといっしょに、赤坂動物病院にむかった。犬の健康管理ができるかどうか面接試験を受けるためだ。

会話が聞き取れないので、協会の有馬《ありま》会長が、柴内裕子《しばないひろこ》先生の質問を紙に書いていた。

「こんちゃんの健康管理のためには、特にどんなことをしなければならないと思いますか?」

「え、えっと……。アゴが弱いので、固い物をくわえさせないようにしたり……。そ、それから……」

仁美《ひとみ》さんは、緊張《きんちょう》して、顔が真っ赤。

《どうしたの? お母さん! がんばって!》

ぼくは、はげまそうと思って、何度も顔を見上げた。じっとふせをしていたので、なんとかこの面接試験はクリア!

そして今度は、ぼくが診察《しんさつ》を受ける。柴内先生は、こういってくれた。

「健康状態に問題はありません。聴導犬《ちょうどうけん》として働いてだいじょうぶです!」

やったー! 第一関門クリアだ!

そしていよいよ実地試験が、長野県松本市で行われた。
地元のアルピコ交通さんの協力で、乗り物に乗るときの認定《にんてい》試験を行うことができた。
この日も、テレビ番組のスタッフが撮影《さつえい》に同行していた。
仁美《ひとみ》さんの顔が、おもちのようにこわばっている……。
お母さんが舞《ま》い上がっていると、さすがのぼくも、気持ちが落ち着かない。
不安になって、まわりをちょこちょこ歩き回ったりしていた。
スタッフが「だいじょうぶ！　だいじょうぶ！」とはげましてくれる。
やがて、バスがやってきた。仁美さんは、ごくんとつばを飲みこんでいる。
バスに乗りこむ。審査員《しんさいん》や撮影スタッフも続く。
仁美さんは、周囲のじゃまにならないよう、一番後ろの隅《すみ》の席に座《すわ》った。
ところがそこへ、小さな男の子が、お母さんといっしょに乗りこんできた。
あちゃー。こっちを指さしている。仁美さんが、不安そうにそっちを見た。
やはり、その子はさけんだ。

「ワンワンだ！　ほら見てワンワンだよ！」

はい。確《たし》かにワンワンですが、今はお仕事中です。さわったりしないでね！

その子のお母さんが、「そうね。ワンワンね」とかいって、子どもをなだめている。

スタッフは何もいわない。これも試験なんだ。

ぼくは、仁美《ひとみ》さんの足下にアンダーをしたまま、ちらりとその子を見ただけで、ずっと静かにしていることができた。

仁美さんは、ほっと胸《むね》をなでおろしている。

ところが、さすが認定《にんてい》試験だけあって、これだけでは終わらなかった。

協会の有馬《ありま》会長は、バスの中で、わざと長いかさを床《ゆか》にバタンと倒《たお》したんだ！

これは、乗り物の中で、大きな音がしたときなどに、犬が落ち着いていられるかを見るテストだ。

ぼくは、ビクッとする。でも仁美さんがすぐに、

「ステイ、ステイよ（そのまま動かないで）！　こんちゃん」

といってくれたので、落ち着いていることができた。

（ふぅ〜。さすが、こんちゃん！）

お母さんは、目でそういってくれたよ。

次は、いっしょに電車に乗る試験だ。仁美《ひとみ》さんは、空いている席を見つけて座《すわ》った。ぼくは、足下に入って、ふせていなくてはならない。

しかし、なんだかそわそわ落ち着かない気持ちになってしまった。

座ってもときどき立ち上がったりしながら、車内の様子を見ていた。

アンダーの指示が出たのに、気づかなかったんだ。

ぼうっとしてたのかもしれない。

仁美さんは、パニックになっている！　有馬会長が笑顔で、

「ほかの人のじゃまになるので、いつものようにこんちゃんを足下に入れてくださいネ」

と注意する。仁美さんは、冷《ひ》や汗《あせ》をかいてうなずき、ごほうびでぼくを足下に導《みちび》いてくれた。

……あ、そうだ。アンダーだった！
ぼくはようやくふせの姿勢《しせい》をとった。仁美《ひとみ》さんが、大きなため息をついた。
（せっかくここまでうまくいったのに……）
……ごめんなさい。お母さん。

同じ日に、スーパーマーケットに買い物に行く試験もあった。
以前の訓練のように、仁美さんがカートを押《お》し、ぼくのリードを持って歩く。
何度も練習したので、うまく動くことができた。
その様子を、有馬《ありま》会長が遠くから採点する。ごちそうが並《なら》ぶ店内。
～～うーん！　いいにおい！　お腹《なか》すいてきたなあ。
でも、ここで食べ物の誘惑《ゆうわく》に負けるようでは、聴導犬《ちょうどうけん》として失格だ。
ぼくは、売られている物に近づいたりせず、静かに歩く。
そこへ有馬会長が、超《ちょう》きびしいテストをしかけてきた。
パックに入った鶏《とり》のからあげを買い、スーパーの許可《きょか》をもらって容器《ようき》のフタを開け、ぼくの目の前に差し出したんだ!

もし、これに口をつけたら、聴導犬《ちょうどうけん》としては失格。

……ああ、食べたいな、食べたいな!

ぼくは、しっぽをぶんぶんふった。しかし仁美《ひとみ》さんは、

「オフ! オフよ!(口にしてはダメ)」

と命じる。

ぼくはしばらく、鶏《とり》のからあげを見つめていたけれど、つばを飲みこんで、ぐっとがまんした。

でもこうやって、おりこうにしていれば、ごほうびのおやつがもらえる(←これがわかってるから、できるのかも)。

人間だってそうだよね? スーパーに行って、売られているものを手あたりしだいに食べたりしたら、おこられちゃう!

犬だってちゃんと教えてもらえば、ルールを守れるんだよ。

かわいそうに思うかもしれないけれど、聴導犬として世の中で働くなら、人

耳元で話しかけているのが協会スタッフの矢澤昌子さん。認定証を持つ仁美さんとぼく。

間の食事を食べてしまうようなことは、ぜったいにしてはならない。

万が一、聴導犬《ちょうどうけん》が店の売り物や、たまたまほかの人から差し出された食べ物に口をつけるようなことがあれば、衛生《えいせい》的にも問題があるとされ、補助《ほじょ》犬に対する信用が、台無しになってしまう。

有馬《ありま》会長もはぼくらの今後のことを思い、心を鬼《おに》にして、きびしいテストをしてくれたんだ。

有馬《ありま》会長たちとの面接試験もあり、一通りの認定《にんてい》試験が終わった。

仁美《ひとみ》さんもぼくも、精一杯やれるだけのことはやった。

多少の落ち着きのなさはあったけどね……（汗《あせ》）。

そして、じゃじゃーん！　いよいよ結果の発表！

有馬会長は、仁美さんとぼく、そしてそばにつきそっている剛《たかし》さんの前で、いよいよ発表した。

「結果を申し上げます。まだ経験不足のところもありましたが、聴導犬《ちょうどうけん》の認定試験、合格です。もっともっと、すばらしいペアになって下さい！」

「……わあ！」

仁美さんは、両手をほっぺたに当てて喜んでいる。

有馬会長は、聴導犬の認定証《にんていしょう》を仁美さんに手渡した。

認定証　桑野《くわの》仁美様　聴導犬こん君

仁美《ひとみ》さんの、ほっとした顔。ずっと見守っていた剛《たかし》さんも、ニコニコだ。

こうしてとうとう、ぼくが着るオレンジ色のコートには、聴導犬《ちょうどうけん》の認定《にんてい》番号や認定年月日が書かれたカードが取りつけられた。

「こんちゃん、立派《りっぱ》！　かっこいい！」

ぼくは、思わず目をきりりっとさせちゃった。

これから正式な聴導犬として、がんばっちゃうよ！

だけど、本当に大事なのはこれからなんだ。

ぼくたち聴導犬《ちょうどうけん》は、いくら優秀《ゆうしゅう》とはいっても、場合によっては、訓練で学んだことを忘《わす》れ、「ペット化」してしまうおそれがある。

《外に出るのがいやだな〜》

《音が鳴ってもめんどくさいから、教えに行くのやめよう》

なんて、なまけ始めたら大変だ（ぼくも危《あぶ》ない？）。

しかも、ユーザーは、聴導犬が仕事をしなくても、気がつけない。

たとえば、玄関《げんかん》のチャイムが鳴っていることを犬が報《しら》せなくても、音が聞こえないとユーザーにはわからないよね。

だから、聴導犬に認定されたとはいえ、ユーザーはこれからも自分で聴導犬に訓練を続けなくちゃならない。

協会のスタッフも定期的に様子を見に行って、アフターケアをする。

ぼくも、身につけたことを忘れないようにしなくちゃね（汗《あせ》）！

第七章　ぼくと仁美《ひとみ》さんの毎日

こうしてぼくは、仁美さんの家で、聴導犬《ちょうどうけん》としての生活を始めた。

訓練で覚えたことを、さっそくやってみる。

ピンポーン！　だれか来たぞ！　タタタタッ！

仁美さんのところへ行って膝《ひざ》にタッチ！　玄関《げんかん》まで先を歩いて連れていく。

「グッド！　グッド！　ありがとう、こんちゃん！」

だれかが訪《たず》ねてきても、気づかずに帰してしまうことがなくなり、仁美さんは大助かり。

外をいっしょに歩くときも、音がすれば、ぼくは必ずそっちをふりむく。すると仁美さんもふりむく。

自転車がリンリンベルを鳴らしてきても、だいじょうぶだよ！

もちろん、警報音《けいほうおん》が鳴ったら、ふせをして報《しら》せるからね！

仁美《ひとみ》さんは、しみじみといっていた。

「聴導犬《ちょうどうけん》がそばにいるって、こんなに安心なことなのね～」

そう。聴導犬は二十四時間ユーザーの安全を守る特別警備《けいび》隊《たい》なのであります！（なんちゃって！）

とはいっても、二十四時間ずっと緊張《きんちょう》しているわけじゃないよ。

人間もねむったり、何かに集中したりしていても、音がすれば自然に気づくよね。

ぼくたちも、ユーザーさんに必要な音がしたときだけ、気づいて報《しら》せるように訓練されている。

だから、音がしない間は、寝《ね》ていても遊んでいてもいいんだよ！

いっしょにくらし始めてすぐ、訓練した以外の音も、報せてあげることにした。

たとえば、電気ポットや電子レンジ、洗濯機《せんたくき》が終了したときの音だ。だって、報せてあげると、お母さんがとっても喜んでくれるんだもん。

駅でアナウンスが流れるときも「聞こえたよ！」とタッチしてあげる。すると仁美《ひとみ》さんは、電車がもうすぐ来ることがわかって助かるみたい。

そんなぼくを見て、親子連れが、「すごいね～」と感心していたよ。

聴導犬《ちょうどうけん》は、こういう風に、習った音以外でも必要だと感じると、ユーザーに報せるようになるんだ。

聴導犬が報せる音は、「無限にある」といわれている。

認定後《にんていご》はじめて、近所のショッピングモールに、二人で出かけた。

オレンジ色のコートを着た小さなぼくを、どうしてペットが店内にいるのかと、ふしぎそうにふりかえっていく人もいる。

《聴導犬《ちょうどうけん》だよ！　チョードーケン！》

でも、すぐに聴導犬だとわかる人は少ないみたい。「どうして犬が？」と思ったら、コートについている認定証を見つけてくれるとうれしいな。

仁美《ひとみ》さんは、ショッピングを楽しんでいる。しばらくすると、とあるお店の前で立ち止まった。いい香《かお》りがただよっている。

ん？　今度はどんなところに行くのかな？

そこは、コーヒーショップ。

どうやら仁美さんは、一休みしたいみたい。

飲食店だけど、まさか犬が入るのを断られたりしないよね？

ぼくたち補助《ほじょ》犬（聴導犬・盲導《もうどう》犬・介助《かいじょ》犬）はペットとはちがい、法律でお店に入ることが認められているけれど、お店の人が知らず、入れてもらえないことが多いんだ。これを「入店拒否《きょひ》」っていう。

仁美《ひとみ》さんは、ぼくのリードをぐっとにぎりしめている。

（勇気を出そう。せっかくここまで訓練を積んで認定《にんてい》されたんだもの）

そして、店員さんにはっきりと告げた。

「聴導犬《ちょうどうけん》を連れています」

すると店員さんは、笑顔でこういってくれた。

「わかりました。こちらのお席へどうぞ」

おお！　こんなにすんなり入れるなんて！

仁美さんは、ほっと胸《むね》を押《お》さえている。

席に着くと、ぼくは、床《ゆか》に敷《し》いた敷物の上でアンダーをする。

仁美さんは、テーブルの上で、運ばれてきたコーヒーを飲んでいる。

「……おいしい」

よかったね！　お母さん！

一人でお店に入れるようになったね！

こうしてショッピングモールを一回りして、仁美《ひとみ》さんは満足そうな、幸せそうな顔。

家に帰ると、ぼくのことを、ていねいにシャンプーしてくれた。

「がんばったね、こんちゃん。うまくいってよかったね～」

ごきげんで、ぼくをごしごし洗《あら》ってくれる。

よっぽどうれしかったんだね！

でもそうやって洗ってもらっているうちに、ぼくもだんだん疲《つか》れが……。

《今日は、あちこち行って、がんばりましたぁ〜》

ドライヤーをかけて毛をふわふわにしてもらった後は、仁美《ひとみ》さんの膝《ひざ》の上で、ぐうぐうねむりこんでしまった。

さて、最初は希望していなかったけど、いっしょに生活を始めてみると、仁美さんは、あるもう一つの音をぼくに報《しら》せてもらいたくなった。

それは、目覚まし時計の音。この音の教え方はむずかしい。

ただタッチするだけでなく、朝なかなか起きられない仁美さんのお腹《なか》の上にそっと乗り、起こしてあげなくちゃならないんだ。

目をちゃんと覚ますまで、両足でユーザーの胸《むね》をフミフミする先輩《せんぱい》の聴導犬《ちょうどうけん》もいるらしい（すごいテクニックだ！）。

ぼくは、一度協会にもどり、改めて訓練を受けることになった。

寝《ね》ている人の起こし方を習う。

仁美《ひとみ》さんも協会に来て、いっしょにやってみる。

ジリリリリ！

布団《ふとん》の上に乗ると、寝《ね》ている仁美さんは目をぱちっと覚ます。

よし、これでカンペキ！　……のはずだった。

仁美さんの家にもどり、いよいよ本番。朝、ぐっすり寝ている仁美さん。

ジリリリリ！　ぼくは飛び起き、布団の上に乗って起こす。

むにゃむにゃ……。訓練のときとちがって、仁美さんは目を開けない。

《お母さん！　朝だよ。起きて！》

むにゃむにゃ。仁美さんは、寝返りを打つけれど、けっきょく起きない。

ポンポン、ポンポン！　ぼくは前足で布団をたたく。

ぼくは小さいから、あんまり刺激《しげき》が伝わらないの？

けっきょく、起こすことには、一度も成功できず、ぼくはそのたびに疲《つか》れはて、仁美さんの布団の上につっぷすのであった（笑）。

とうとう、お母さんもあきらめた。

「残念だけど、こんちゃんに起こしてもらうのはやめるね。ごめん……、せっかく追加で訓練してくれたのに」

一方、楽しいお出かけは続く。

読書が好きな仁美《ひとみ》さんは、図書館にも出かけた。カウンターで、

「聴導犬《ちょうどうけん》を連れています」

と告げると、司書の人はぼくを見下ろし、「これが聴導犬？」と、ちょっとおどろいた様子だった。

やはり、補助《ほじょ》犬というと、盲導《もうどう》犬のイメージがあり、大型犬を思い浮かべるのかもしれない。

でも、あらかじめ断《ことわ》ったおかげで、本を借りるときには、身ぶり手ぶりで伝えようとしてくれた。

これだけでも、ありがたいことだよね！

そういえば、あれ？　仁美さんは以前は引きこもりがちだったけれど、いつ

の間にか外に出ていくことが平気になっていた。

ぼくがいっしょにいると、安心して歩けるからだと思う。

前に比《くら》べると、すごい進歩！（↑上から目線か？）

出かけることが増《ふ》えたおかげで、足に筋肉がついたのか、仁美《ひとみ》さんは杖《つえ》なしでも元気に歩けるようになった。

もしかしてぼく、聴導犬《ちょうどうけん》だけじゃなく、リハビリトレーナーの役目も果たしちゃった？


ところが、そんなある日のことだった。

仁美さんはぼくと外出し、ある全国チェーンのレストランに入ろうとした。

すると！

「聴導犬を連れています」

と説明したのに、店員さんが困《こま》った顔でこう答えたんだ。

「申しわけありませんが、ペットの入店はお断《ことわ》りしておりまして……」

「ペットではありません。聴導《ちょうどう》犬《けん》です」

「チョードーケンって、なんのことですか……？　犬は入れないんですが」

がーん！　うわさに聞いていた「入店拒否《きょひ》」！

仁美《ひとみ》さんは、協会から指導された通り、聴導犬について理解してもらうため、「補助《ほじょ》犬マニュアル」の冊子を手渡《てわた》して読んでもらった。この冊子には補助犬の説明や、同伴《どうはん》することが法律で認《みと》められていることが書かれている。

「補助犬《ほじょけん》……？」

しかし、店員さんは首をかしげるばかりで、ぜんぜん話が進まない。

仁美《ひとみ》さんは、じりじりしながら待つ。

やがて店員さんは、チェーン店の本部に電話をかけ、「今、聴導犬《ちょうどう》をお連れのお客様がいらしているんですけれど……」と指示をあおぎ始めた。

仁美さんは、ずっと立ち尽《つ》くしている。ぼくは、下にふせをして待つ。

まわりのお客さんも、けげんそうにこっちを見ている。

店員さんは、電話を終えると、仁美さんのところにもどってきて、しきりに頭を下げていた。

「申しわけございません。認識《にんしき》が足りませんでした。どうぞお入りください」

よかった！　仁美さんの顔が、ぱっとかがやいた！

やっと、席に案内してもらうことができたんだ。

とても残念なことだけれど、こんな風にすぐにお店に入れてもらえないことは、その後もときどきあるんだよ（涙《なみだ》）。
できればこんなとき、「補助《ほじょ》犬が入ることは法律で認《みと》められているんですよ」
と口ぞえしてくれる人がそばにいたら、とても助かるんだけれどね。
だけど仁美《ひとみ》さんは、めげずにまた出かけていく。
「ほかのたくさんのユーザーのためにも、聴導《ちょうどう》犬を受け入れてもらえるように
しなくては」という強い使命感に燃《も》えているからだ。
お母さん、強くなったね、すごい勇気だね！

第八章　パラリンピックがきっかけに？

それにしても、入店拒否《きょひ》は、大問題！

せっかく訓練を受けてユーザーと聴導犬《ちょうどうけん》になったのに、社会から拒否されたら、気持ちがしょぼんとなっちゃう。

犬は外につないで待たせればいいと思うのかもしれないけれど、レストランにいるときだって、とつぜん火事になって警報《けいほう》音が鳴ったり、地震《じしん》が起きたり、何があるかわからない。

だから仁美さんは、ぼくがそばにいないと、不安で仕方がないんだ。

聴導犬がいるからこそ、安心して食事ができるんだ。

その気持ちを、多くの人にわかってほしいなあ。

聴導犬の数は少ないため、はじめて見る人がほとんどなのは仕方ないかもしれないけれど、約千頭いる盲導《もうどう》犬たちも、同じような目にあっているらしい。

でも多くの場合、「入ることは法律で認《みと》められています」って説明すれば、すぐに入れてもらえるという。

二〇〇二年に、「身体障害《しょうがい》者補助《ほじょ》犬法」という法律ができたのを知ってる?

この法律では、補助犬を育てる団体は、犬を愛情いっぱいに育て、きちんとしつけて訓練しなくてはならないとされている。ユーザーも、周囲の人に迷惑《めいわく》をかけないよう、犬を管理しなければならない。

反対に多くの人が集まる公共施設《しせつ》やレストラン、交通機関などでは、よほどの理由がないかぎり、補助犬をこばんではならない、と決められているんだ。

つまり、なぜお店で断《ことわ》られるかというと、世の中の人たちが「補助犬や補助犬法のことをよく知らないこと」が、一番の原因なんだ。

あるアンケートによると、盲導《もうどう》犬のユーザーの六割以上が、レストランや宿泊施設、タクシーなどで断られ、差別を受けた経験《けいけん》があるという。（＊日本アイメイト協会二〇一八年の調査）

これじゃ、お出かけするのが、いやになっちゃうよね。

日本聴導犬《ちょうどうけん》協会も、聴導犬・介助《かいじょ》犬のデモンストレーションを見せるイベントを年に二百回以上も行って、補助《ほじょ》犬のことをみんなに伝える努力をしている。

しかし、もっともっと多くの人に理解してもらわないと、困《こま》るんだ。

二〇一五年、ある聴導犬のユーザーが、大阪の百貨店で、聴導犬を広めるためのイベントに出演した。

ところが、その百貨店の中にある飲食店に入ろうとしたとたん、入店拒否《きょひ》にあった。つまり、イベントの関係者だけにしか、補助犬のことがわかっていなかった。

またあるときは、日本聴導犬協会のスタッフが、聴導犬を連れてある県庁に出かけていったら、県庁の受付で「聴導犬ってなんですか？」と聞かれた。

お役所は、補助犬のユーザーがよく訪《おとず》れるところだ。これでは安心して相談に行けないね……。

いったい、どうしたらいいんだろう？

日本聴導犬《ちょうどうけん》協会は、ぼくがペットではなく補助《ほじょ》犬であることがすぐにわかるよう、ある対策を立てた。

仁美《ひとみ》さんのショルダーバッグに、大きなカードをつけて歩いてもらうことにしたんだ。そこにはこう書かれている。

聴導犬です。同伴《どうはん》は法律で認《みと》められています。

カードなしで歩いているときは、ペットとまちがえられたこともあったけど、このカードがあると、まわりの人も自然と「聴導犬」だとすぐ理解してくれるようになった。

ぼくのオレンジ色のコートにも聴導犬であることは書いてあるけれど、肩《かた》にかけたカバンに大きな紙をはった方が、すぐ目に入る。

法律で認められていることも書いてあるので、「どうしてこんなところに犬が？」と思われることもない。

さすが日本聴導犬協会、グッジョブ！

いったい外国の補助犬《ほじょけん》たちは、どんな風にくらしているんだろう。

ぼくたち日本の補助犬みたいに、困《こま》ったりしていないのかな？

たとえばアメリカでは、店や交通機関が補助犬を拒否《きょひ》した場合、州によっては、罰金《ばっきん》を取られることもあるんだって。

なかなかきびしいね。

それに比《くら》べ日本の補助犬法には、「もし違反《いはん》したら罰金を払いなさい」みたいな罰則がないから、どうしてもみんな無関心で「自分は関係ない」と思ってしまうのかもしれない。

たとえ罰金がなくても、ぼくたち補助犬のことに、もう少し関心を持ってもらえれば、ユーザーの人たちはどんなに助かるだろう。

でも一方で、ぼくたち補助犬を積極的に受け入れてくれるところもあるから、ここで紹介するね。

たとえば最近、役所やホテル、空港の中には、補助犬用のトイレを作ってくれるところが現れた。

補助犬《ほじょけん》のユーザーにとっては、犬にどこでトイレを済《す》ませてもらうかが悩《なや》みだけれど、専用《せんよう》のトイレがあれば安心だ。

またディズニーランドやディズニーシーでは、補助犬といっしょに利用できるアトラクションにマルをつけた一覧《いちらん》表を作っている。

これがあれば、どのアトラクションなら補助犬といっしょに楽しめるかがわかって便利だね！

二〇二〇年には、東京で、オリンピックと共に、ハンディキャップのある人たちが参加するパラリンピックも開かれる。

補助犬を連れたパラリンピックの選手も、海外からたくさん日本にやってくることだろう。

東京都オリンピック・パラリンピック準備局《じゅんびきょく》も、しんちょうに準備を進めているらしい。

補助犬を連れて入りやすいように建物を設計したり、係の人がユーザーと補助犬をスムーズに誘導《ゆうどう》できるよう研修《けんしゅう》を行ったり……。

日本聴導犬《ちょうどうけん》協会でも、その際《さい》は、聴導犬や介助《かいじょ》犬を同伴《どうはん》する海外の人たちに「期間限定証明書」を発行する予定なんだって。

そのとき、選手や、関係者たちが、補助犬を連れているというだけで入店拒《きょ》否《ひ》にあったら気の毒だね。

ぜひ、みんなで温かくむかえてあげたいよね。

これがきっかけで、オリンピックが終わった後も、ぼくたち補助犬が日本で広く受け入れてもらえるようになったらいいなあ!

ぼくと仁美《ひとみ》さんの二人六脚《きゃく》の毎日は、今日も続いている。

だけどじつは、聴導犬としての認定《にんてい》を受けた後、心配していたことが現実になった。

仁美さんの聴力が、左耳に加え、右側もだんだん落ちてしまったんだ。

以前は、右の耳元で大きな声で話してもらえば聞こえたのに、今では両耳ともほとんど聞こえない。

二〇一七年に入ってからは、さらにきびしい出来事があった。

仁美《ひとみ》さんは、手足にしびれや痛みを感じた。

(おかしい。今度はいったい、どうしたのかしら)

それまでも、足だけでなく、肩《かた》が痛《いた》くなったり、とても疲《つか》れやすかったり、仁美さんはいつも体の調子が悪かった。

原因を調べるため、ぼくを実家に預けて、二週間検査《けんさ》入院した。

すると、思いがけないことがわかった。

お母さんの耳が聞こえなくなったのは、ある病気が原因だったんだ。

それは、「ミトコンドリア病」という、一万人に一人という難病《なんびょう》。

この病気の症状《しょうじょう》は、体のどこに出るかわからない。

脳《のう》や心臓《しんぞう》、筋肉《きんにく》に影響《えいきょう》が出て、うまく働かなくなる……。

股関節《こかんせつ》に痛みが出たのも、聴力《ちょうりょく》がだんだん落ちてしまったのも、じつはこの病気のせいだった……。

しかし、この病気の治療法《ちりょうほう》は見つかっていない。症状を抑《おさ》える薬を飲んだり、食事の栄養に気をつけたりするしかない。

仁美《ひとみ》さんは、しばらく、気持ちがしずんでいる様子だった。

（聴力《ちょうりょく》が落ちた原因がわかったのはよかったけれど、まさか、こんな難病《なんびょう》だったなんて……）

病気の症状《しょうじょう》が強く出ている日は、手に力が入らず、ぼくをだっこすることもできない。

「ごめんね、こんちゃん」

《……いいよ、お母さん。ぼく、わかってるから、気にしないで》

だいじょうぶ心配ないよ。

これからもずっと、そばにいるから。

そしてぼくが、お母さんのこと、守るから！


耳が聞こえない聴覚のハンディキャップも、それまでずっと気づかなかった難病も、どちらも、ぱっと見ただけではわからないハンディキャップだ。

見えないハンディキャップには、ほかにもいろいろある。お腹《なか》に赤ちゃんがいたり、年をとって体が弱っていたり……。

せめてまわりの人たちが「見えないハンディキャップを持った人も、街《まち》を歩いているかもしれない」という想像《そうぞう》力をもう少し持てば、世の中はもっとくらしやすくなるんじゃないかと思う。

いつからかぼくは、仁美《ひとみ》さんやほかの人が、「ありがとう」というと、ふりかえるようになった。

音を教えると、必ずお礼をいわれるから、「ありがとう」が自分に関係する言葉だって思うようになったんだ。

ユーザーを幸せにする聴導犬《ちょうどうけん》。

そんな犬に、ぼくはなりたい。

お母さん、体調に気をつけて、これからも二人、マイペースでやっていこうね！

●取材協力
社会福祉法人　日本聴導犬協会
桑野仁美
認定特定非営利活動法人　アニマルレフュージ関西（アーク）

●参考文献

『マンガでわかる聴導犬　もっと身近に！耳の不自由な人を守る補助犬』

（有馬もと著　上原麻実マンガ　（福）日本聴導犬協会企画協力　明石書店）

『聴導犬ものがたり　捨て犬みかんとポチ』（有馬もと文　ＭＡＹＵＭＩ写真　佼成出版社）

高橋うらら（たかはし うらら）

慶應義塾大学経済学部卒業。

児童向けノンフィクションを中心に執筆。日本児童文芸家協会理事。聴覚障害のある家族を持つ。

主な作品に『ぼくの毎日をかえた合氣道』（藤平信一監修　岩崎書店）、『可能性は無限大一視覚障がい者マラソン 道下美里』（新日本出版社）、『犬たちがくれた音　聴導犬誕生物語』（金の星社）、などがある。


聴導犬こんちゃんがくれた勇気　難病のパートナーを支えて

2018年10月31日　第1刷発行　　2019年4月30日　第2刷発行

著　者　高橋うらら
発行者　岩崎弘明　　編集　島岡理恵子
発行所　株式会社岩崎書店
〒112-0005 東京都文京区水道1-9-2
電話　03-3812-9131（営業）
03-3813-5526（編集）
振替　00170-5-96822

デザイン　祝田ゆう子
表紙写真　小野寺 宏友

印刷所　株式会社光陽メディア
製本所　株式会社若林製本工場

Published by IWASAKI Publishing Co.,Ltd.
Printed in Japan.
ISBN 978-4-265-84017-5 NDC916

乱丁本・落丁本は小社負担にておとりかえいたします。
岩崎書店ホームページ● http://www.iwasakishoten.co.jp
ご意見、ご感想をお寄せください。E-mail ● info@iwasakishoten.co.jp